Manual sobre debida diligencia ambiental en las cadenas de suministro de minerales

OCDE

MEJORES POLÍTICAS PARA UNA VIDA MEJOR

Por favor, cite esta publicación de la siguiente manera:
OECD (2024), *Manual sobre debida diligencia ambiental en las cadenas de suministro de minerales*, OECD Publishing, Paris, https://doi.org/10.1787/b4b11202-es.

ISBN 978-92-64-40838-8 (impresa)
ISBN 978-92-64-59375-6 (PDF)
ISBN 978-92-64-85510-6 (HTML)
ISBN 978-92-64-80730-3 (epub)

Publicado originalmente en inglés por la OCDE con el título: OECD (2023), *Handbook on Environmental Due Diligence in Mineral Supply Chains*, OECD Publishing, Paris, https://doi.org/10.1787/cef843bf-en.
Esta traducción ha sido comisionada por la Dirección de Asuntos Financieros y Empresariales y su precisión no puede ser garantizada por la OCDE. Las únicas versiones oficiales son los textos en inglés y/o francés.

Imágenes: Portada © Dmitrii Zotov/Getty Images.

Las erratas de las publicaciones se encuentran en línea en: www.oecd.org/about/publishing/corrigenda.htm.

Prólogo

La OCDE está a la vanguardia al proporcionar orientaciones sobre cómo las empresas pueden maximizar sus contribuciones positivas al desarrollo sostenible mediante la identificación y el abordaje de los impactos negativos en sus operaciones y cadenas de suministro. Este trabajo se basa en tres instrumentos clave de la OCDE que proporcionan recomendaciones respaldadas por los gobiernos sobre la conducta empresarial responsable (CER): las Líneas Directrices de la OCDE para Empresas Multinacionales sobre Conducta Empresarial Responsable (las Líneas Directrices), la Guía de la OCDE de Debida Diligencia para una Conducta Empresarial Responsable (la Guía de CER) y, en el sector de los minerales, la Guía de Debida Diligencia de la OCDE para Cadenas de Suministro Responsables de Minerales de las Áreas de Conflicto o de Alto Riesgo (la Guía de Minerales). Estos instrumentos combinados establecen las expectativas de los gobiernos de que las empresas lleven a cabo la debida diligencia para identificar, prevenir y mitigar los impactos negativos reales y potenciales en las cadenas de suministro de minerales.

El objetivo de este Manual es apoyar la implementación por parte de las empresas de los estándares de la OCDE sobre CER, explicando en detalle cómo utilizar el marco de debida diligencia de la OCDE para tener en cuenta los riesgos ambientales y los impactos negativos en las cadenas de suministro de minerales, desde la extracción hasta el procesamiento, la fundición o el refinado y el reciclaje. Este Manual forma parte del trabajo que la OCDE lleva a cabo para proporcionar apoyo práctico a las empresas en la implementación de los estándares sobre riesgos asociados a la CER, siendo un ejemplo previo en el sector de los minerales las *Acciones prácticas para que las empresas identifiquen y aborden las peores formas de trabajo infantil en las cadenas de suministro de minerales*. Más allá de las cadenas de suministro de minerales, la OCDE también ha elaborado orientaciones a medida para ayudar a las empresas a llevar a cabo la debida diligencia en otros sectores, concretamente en los sectores textil y de calzado, financiero y agrícola.

Agradecimientos

El proyecto fue financiado en parte por el Ministerio de Medio Ambiente, Conservación de la Naturaleza, Seguridad Nuclear y Protección del Consumidor de Alemania (BMUV). La Agencia Alemana de Medio Ambiente (UBA) y el Instituto Federal Alemán de Geociencias y Recursos Naturales (BGR) prestaron su apoyo y asistencia.

El autor del Manual es el Centro de la OCDE para la Conducta Empresarial Responsable, y ha contado con la experiencia técnica y el apoyo de la UBA, el BGR y la Dirección de Medio Ambiente de la OCDE. Levin Sources Limited prestó su apoyo en el proceso inicial de redacción y consulta. El documento fue enriquecido por los aportes de 25 organizaciones como parte de un grupo de trabajo de expertos, que incluía representantes gubernamentales, del sector privado y la sociedad civil. Los autores desean agradecer el tiempo y los valiosos aportes de los miembros del grupo de trabajo de expertos. Durante la elaboración del Manual, el Secretariado de la OCDE celebró múltiples reuniones de trabajo con expertos en minería artesanal y a pequeña escala, reparación, circularidad y reciclaje. Además, el Secretariado recibió extensos comentarios de la industria y la sociedad civil como parte de una consulta pública informal que tuvo lugar entre julio y septiembre de 2022. También se recibieron aportes de los delegados del Grupo de Trabajo de la OCDE sobre Conducta Empresarial Responsable (WPRBC). El Secretariado desea agradecer a todos aquellos que dedicaron su tiempo y compartieron sus conocimientos a lo largo de estos procesos.

Índice

FIGURAS

TABLAS

Resumen ejecutivo

Las empresas desempeñan un papel clave en la promoción hacia las economías sostenibles y pueden contribuir a dar una respuesta eficaz y progresiva a los retos ambientales mundiales, regionales y locales, incluida la amenaza urgente del cambio climático. El segmento de las empresas situadas en niveles superiores de la cadena de suministro de minerales (que generalmente comprende desde la extracción hasta la transformación) se asocia tradicionalmente con riesgos e impactos ambientales significativos. Al mismo tiempo, el sector está creciendo, impulsado por la **creciente** demanda de minerales para satisfacer las necesidades materiales de una población mundial creciente y cada vez más acomodada, así como por los ambiciosos objetivos gubernamentales y empresariales en materia de energías renovables y el aumento de la demanda de minerales fundamentales para las transiciones energética y digital, como el cobalto, el cobre, el litio, el níquel y las tierras raras, entre otros.[1] Aunque una "economía más circular" basada en el reciclaje y la reutilización de los minerales tiene claro potencial para reducir determinados riesgos ambientales e impactos negativos, la extracción primaria de minerales seguirá siendo fundamental para la transición baja en carbono y, en términos más generales, para alcanzar los Objetivos de Desarrollo Sostenible (ODS) al ritmo requerido.[2]

Este Manual ofrece una introducción a las cuestiones ambientales que se dan en los niveles superiores de las cadenas de suministro de minerales. Busca ayudar a las empresas situadas en niveles inferiores de la cadena de suministro (comerciantes de metales e intercambios, fabricantes de componentes, fabricantes de productos, fabricantes de equipos originales, y minoristas) a comprender cómo pueden integrar las consideraciones ambientales en los procesos de debida diligencia de su cadena de suministro, al tiempo que ayudan a las empresas situadas en los niveles superiores de la cadena de suministro (mineros, comerciantes y exportadores locales, comerciantes internacionales de concentrados, fundidores y refinadores, y recicladores)[3] a cumplir las expectativas de debida diligencia de sus clientes y otras relaciones comerciales situadas en los niveles inferiores de la cadena de suministro.

El Manual consta de cuatro secciones. En el **Capítulo 1** se exponen las razones por las que la debida diligencia ambiental basada en el riesgo es importante para las empresas que operan en las cadenas de suministro de minerales y se analiza la debida diligencia ambiental en el contexto de dos temas importantes en el sector de los minerales: la minería artesanal y a pequeña escala (MAPE) y los enfoques de la cadena de valor circular. El **Capítulo 2** aclara qué se entiende por impactos ambientales negativos y ofrece ejemplos de cuestiones ambientales habituales en los niveles superiores de las cadenas de suministro de minerales. También busca ayudar a las empresas a comprender los factores que pueden afectar a la gravedad y la probabilidad de los riesgos ambientales. El **Capítulo 3** trata de la integración de los riesgos e impactos ambientales en la implementación por parte de las empresas del marco de debida diligencia de seis etapas de la OCDE y, por último, el **Capítulo 4** conduce a los lectores a través del marco de debida diligencia de seis etapas basado en el riesgo, respondiendo a preguntas específicas sobre cómo pueden abordar las empresas las consideraciones ambientales en cada una de las etapas. El **Anexo A** incluye un glosario de términos ambientales, mientras que el **Anexo B** ofrece una lista no exhaustiva de recursos y materiales útiles.

1 Introducción

Esta introducción expone por qué la debida diligencia ambiental basada en el riesgo es importante para las empresas que operan en las cadenas de suministro de minerales y analiza la debida diligencia ambiental en el contexto de dos temas importantes en el sector de los minerales: la minería artesanal y a pequeña escala (MAPE) y los enfoques circulares de la cadena de valor.

Por qué es importante la debida diligencia ambiental para las empresas que operan en las cadenas de suministro de minerales

Las empresas desempeñan un papel clave en el avance hacia las economías sostenibles y pueden contribuir a dar una respuesta eficaz y progresiva a los retos ambientales mundiales, regionales y locales, incluyendo su contribución para alcanzar los objetivos de mitigación y adaptación al cambio climático. Al mismo tiempo, la degradación ambiental presenta riesgos para las personas y el planeta que pueden verse agravados por las actividades empresariales. Las expectativas de acción ambiental por parte del sector privado han sido incentivadas por las políticas públicas, la sociedad civil, la comunidad científica, los inversores y la propia industria, con la presión pública y los litigios desempeñando un papel importante.[4] Las Contribuciones Determinadas a Nivel Nacional (CDN) incluyen el objetivo de movilizar flujos de financiamiento hacia un desarrollo bajo en gases de efecto invernadero (GEI) y un desarrollo resiliente al clima, y reconocen a las partes no interesadas, incluidas las empresas, como parte integrante de la solución global (United Nations Framework Convention on Climate Change, 2016[1])).[5]

El aumento de la demanda de minerales para satisfacer las necesidades materiales de una población mundial creciente y cada vez más acomodada (OECD, 2019[2]),[6] los objetivos de las energías renovables y la demanda de minerales como el cobalto, el cobre y el litio para las transiciones energética y digital, están impulsando el crecimiento del sector de la minería y los metales. Aunque una "economía más circular" basada en el reciclaje y la reutilización de los minerales tiene un claro potencial para reducir determinados riesgos ambientales e impactos negativos, la extracción primaria de minerales seguirá siendo fundamental para la transición baja en carbono y, en términos más generales, para alcanzar los Objetivos de Desarrollo Sostenible (ODS).[7] En la actualidad, la cantidad de metales en circulación es insuficiente para el despliegue de tecnologías bajas en carbono a una escala coherente con los objetivos climáticos acordados, por lo que es necesario continuar con la extracción de minerales (IEA, 2021[3]).

Identificar y abordar los impactos ambientales negativos en el segmento superior de la cadena de suministro donde tiene lugar la extracción de minerales primarios, puede ayudar a una empresa a maximizar sus contribuciones positivas a la sociedad y al desarrollo sostenible, mejorar las relaciones con las partes interesadas, proteger su reputación y crear más valor mediante la reducción de los costes operativos, por ejemplo, encontrando maneras de reducir su uso de agua o energía. Los procesos de debida diligencia también pueden ayudar a evitar bloqueos y retrasos en la cadena de suministro y reducir el tiempo empleado en poner en marcha nuevos activos, lo que es de vital importancia para la transición digital y energética baja en carbono. Los procesos exhaustivos de debida diligencia también pueden ayudar a una empresa a cumplir los requerimientos legales en materia laboral, ambiental, de gobierno corporativo y de lucha contra el cohecho.

El respeto y el cumplimiento del derecho humano a un medio ambiente limpio y saludable han sido reconocidos en la resolución 48/13 del Consejo de Derechos Humanos de las Naciones Unidas.[8] Una empresa necesitará comprender los vínculos entre los riesgos ambientales y de derechos humanos en el sector de los minerales y cómo hacer uso de los procesos de debida diligencia —a menudo ya utilizados para los riesgos de derechos humanos— al abordar el riesgo ambiental y viceversa. Una vez identificados los riesgos ambientales y los impactos negativos, la empresa debería considerar las formas en que genera riesgos e impactos negativos sobre los derechos humanos y asegurarse de que cualquier mitigación o reparación aborde ambas categorías. Reconocer los derechos humanos a un medio ambiente limpio y saludable es especialmente importante para garantizar una transición *justa* hacia las cero emisiones netas globales y una vinculación responsable continuada, en lugar de la desvinculación como enfoque principal de la gestión del riesgo ambiental en las cadenas de suministro.

Circularidad y mayor aprovechamiento de los recursos secundarios

Como señalado anteriormente, la demanda de minerales y metales para sostener una economía mundial creciente y con bajas emisiones de carbono en las próximas décadas, no puede satisfacerse con un solo tipo de fuente. Tanto los materiales primarios (extraídos de las minas) como los secundarios (reutilizados, renovados, refabricados, reciclados, recuperados) serán fundamentales para lograr una transición energética y digital limpia. Por lo tanto, este Manual promueve la CER en la minería, el reciclaje y el procesamiento de minerales y metales, todos los cuales serán fundamentales para un desarrollo sostenible.[9]

Recuadro 1. La economía circular

Aunque no existe una única definición aceptada de economía circular, ésta busca: (i) maximizar el valor de los materiales y productos que circulan en la economía; (ii) minimizar el consumo de materiales, prestando especial atención a los materiales vírgenes, las sustancias peligrosas y determinados flujos de residuos (como plásticos, alimentos y aparatos eléctricos y electrónicos); (iii) evitar la generación de residuos; y (iv) reducir los componentes peligrosos tanto en los residuos como en los productos (OECD, n.d.[4]; OECD, n.d.[5]).

En la búsqueda de una economía circular existen una serie de mecanismos que pueden modificar el flujo de productos y materiales a través de la economía y, en última instancia, dar lugar a tasas más bajas de extracción de recursos naturales. La OCDE ha destacado tres mecanismos principales:

- Cerrar los bucles de recursos: el desvío de residuos de la eliminación y su posterior transformación en materias primas secundarias.
- Ralentizar los circuitos o flujos de recursos: retener los productos y sus materiales en la economía durante periodos más largos.
- Estrechamiento de los flujos de recursos: generación de valor económico adicional a partir de una cantidad fija de recursos naturales (OECD, 2019[6]).

Fuente: OCDE (2021[7])), The role of OECD instruments on responsible business conduct in progressing environmental objectives, https://mneguidelines.oecd.org/Theroleof-OECD-instruments-on-responsiblebusiness-conduct-in-progressing-environmental-objectives.pdf.

La aplicación de los principios de la economía circular y el uso de materiales secundarios pueden contribuir a reducir el impacto ambiental (Bibas, Chateau and Lanzi, 2021[8]; OECD, 2019[2]). Las empresas situadas en niveles inferiores de la cadena de suministro, así como las situadas en niveles superiores como fundiciones o refinerías, pueden considerar dónde existen oportunidades para aplicar los principios de la economía circular en el diseño, la producción, la refabricación, la distribución, el consumo y la recogida de sus productos, y cómo pueden integrarse estas oportunidades en su modelo empresarial. Los principios de la economía circular en las cadenas de suministro de minerales deberían extenderse y mejorarse para que los materiales puedan recogerse y recuperarse de los productos al final de su vida útil de manera más eficiente y rutinaria. La obtención de materiales secundarios para complementar o sustituir las principales materias primas puede ofrecer la oportunidad de reducir los daños ambientales si los materiales secundarios o la energía procedente de ellos se obtienen de forma responsable.

La disponibilidad de materiales reciclados en el mercado depende de la disponibilidad de los materiales que podrían reciclarse, así como de sus tasas reales de reciclaje (que dependen de las tecnologías existentes, de los argumentos económicos en favor de su reciclado, de la regulación en vigor, etc.) y de los materiales procedentes de la "mina urbana" (existencias de materiales en uso), que sólo están disponibles tras un lapso de tiempo (IEA, 2021[3]). En el caso de los metales al por mayor, las prácticas de reciclaje están bien establecidas y los metales son fáciles de conseguir, pero no ocurre lo mismo con muchos de los metales propios de la transición energética, como el litio y los elementos de tierras raras. Se prevé que los nuevos flujos de residuos procedentes de tecnologías energéticas limpias (por ejemplo, baterías y turbinas eólicas) se incrementen a partir de 2030, en un momento en el que la demanda de minerales seguirá creciendo rápidamente. La Agencia Internacional de la Energía (AIE) estima que, para 2040, las cantidades recicladas de cobre, litio, níquel y cobalto procedentes de baterías gastadas podrían reducir las necesidades combinadas de suministro primario de estos minerales en torno a un 10% (IEA, 2021[3]).

El reciclaje no eliminará la necesidad de seguir invirtiendo en el suministro primario de minerales y, según el Banco Mundial, seguirá siendo necesaria la inversión incluso en el caso de que las tasas de reciclaje alcancen el 100% en 2050 (World Bank, 2020[9]). En este sentido, el Manual reconoce el papel de las cadenas de suministro primarias y secundarias en el desarrollo sostenible, pero también señala que, si se gestionan mal, ambas pueden causar riesgos e impactos ambientales. Es importante señalar que, aunque la minería primaria presenta en términos más generales más riesgos ambientales que el reciclaje, puede suponer una importante oportunidad económica para las regiones con una gran dotación de minerales (y en algunas localidades, la única oportunidad económica), siempre que exista una buena gobernanza y una distribución equitativa de los beneficios entre el Estado, las comunidades locales y los inversores.

Abastecimiento de la minería artesanal y a pequeña escala

Uno de los objetivos generales de los instrumentos de la OCDE en materia de CER es el desarrollo sostenible de las comunidades mineras a través de una participación responsable, incluso en las áreas de conflicto o de alto riesgo, donde muchos productores pueden ser informales. Aunque la MAPE presenta algunos riesgos únicos, evitarla por completo en lugar de tratar de abordar esos riesgos usualmente sólo empeora las condiciones de las comunidades productoras de minerales.

La MAPE es una fuente de sustento y empleo en muchas regiones del mundo. Se estima que la MAPE emplea a entre 40 y 100 millones de personas en todo el mundo, en comparación con los 7 millones de la minería industrial (IGF, 2017[10]). Además de ser una importante fuente de empleo en muchos países en desarrollo, la MAPE también puede ayudar a abordar los problemas de seguridad del suministro de minerales críticos, incluidos los que son clave para impulsar la transición ecológica (Moore et al., 2020[11]).

En muchos países, la MAPE tiene lugar en una zona regulatoria gris, por lo que su función económica no está explícitamente reconocida ni facilitada por el Estado, ni siquiera está debidamente legislada o regulada, pero es ampliamente tolerada. La Guía de Minerales alienta a las empresas a participar en una "MAPE legítima" y proporciona un marco para hacerlo. Este marco se desarrolla en el documento de la OCDE Preguntas Frecuentes: Abastecimiento de oro proveniente de mineros artesanales y de pequeña escala (OECD, 2016[12]).

La vinculación responsable de los productores de MAPE puede conducir a la formalización progresiva de sus actividades. Las explotaciones mineras formalizadas tienen más capacidad para trabajar a través de canales comerciales formales, aplicando planes de gestión de riesgos, y parecen estar supeditadas a más visitas de inspecciones reglamentarias en materia de medio ambiente, gestión de residuos y radiactividad. A la vista de estas consideraciones, este Manual recomienda que las empresas y otras partes interesadas intenten vincularse con los productores legítimos de MAPE en un espíritu de mejora progresiva, incluso considerando la prestación de apoyo técnico y financiero para asistir a los actores de la MAPE en la implementación de planes de acción correctiva. Para canalizar este apoyo, ya existen varios mecanismos de colaboración liderados por la industria o de múltiples partes interesadas, y de reparto de costes, y existe potencial para el desarrollo de otros.[10]

2 Comprender los riesgos e impactos ambientales

Este capítulo aclara qué se entiende por riesgos e impactos ambientales y ofrece ejemplos de cuestiones ambientales habituales en las cadenas de suministro de minerales. El capítulo también ayuda a las empresas a comprender los factores que pueden afectar la gravedad y la probabilidad de los riesgos, dos aspectos fundamentales para tener en cuenta al llevar a cabo la debida diligencia basada en el riesgo.

¿Qué cubre el Manual?

Este Manual considera una serie de riesgos e impactos ambientales que pueden surgir en las cadenas de suministro de minerales, desde el punto de extracción hasta los puntos clave de transformación (principalmente la minería, la fundición, el refinado y el reciclado) para todos los minerales y metales (ya sea para mercados nacionales o de exportación), incluidos los materiales de construcción, los minerales industriales, los metales básicos, los metales preciosos, las piedras preciosas y los elementos críticos para la tecnología, entre otros (OECD, 2021[13]). También se reconoce que los impactos ambientales pueden ser colectivos e interrelacionados o aislados, así como de naturaleza localizada o transfronteriza.

El Manual se centra en los siguientes impactos ambientales negativos en las cadenas de suministro de minerales:[11]

- el cambio climático
- pérdida y degradación de la biodiversidad,[12] que abarca especies y ecosistemas terrestres, marinos y acuáticos (por ejemplo, deforestación, daños a zonas protegidas y erosión del suelo)
- contaminación del aire, el agua y el suelo

1. mala gestión de los residuos, incluidas las sustancias peligrosas

- ruido y vibraciones
- daños a la estética y al patrimonio cultural
- agotamiento del agua.

Dada la amplia gama de riesgos ambientales e impactos negativos que pueden surgir de las actividades en los niveles superiores de las cadenas de suministro de minerales, y las diversas formas en que pueden manifestarse en diferentes contextos, este Manual no busca ser exhaustivo y no proporciona detalles extensos para cada área de riesgo ambiental. En su lugar, presenta ejemplos y remite a los lectores a recursos adicionales que pueden proporcionar más información técnica sobre buenas prácticas, para evaluar, prevenir, mitigar y reparar los riesgos ambientales y los impactos negativos a lo largo de las cadenas de suministro de minerales.

Recuadro 2. Diferentes formas en que pueden surgir y manifestarse los impactos ambientales

Los posibles impactos ambientales en las cadenas de suministro de minerales pueden entenderse de varias maneras:

Impactos que resultan directamente de las prácticas operativas de una entidad. Por ejemplo, cuando una empresa tala una zona que provoca la pérdida de biodiversidad (por ejemplo, bosques, humedales o arrecifes de coral), o cuando una mina vierte residuos tóxicos que contaminan el aire, el agua o el suelo, los impactos pueden producirse:

- A nivel local (por ejemplo, el vertido de aguas ácidas y metalíferas relacionadas con la minería que afectan a zonas locales, o un procesador de oro que quema mercurio de una amalgama y contamina zonas situadas a sotavento).
- A distancia (por ejemplo, el vertido continuo de grandes volúmenes de contaminantes atmosféricos por parte de una fundición que provoca lluvia ácida a distancia, o el vertido fluvial de residuos mineros –cuando los residuos mineros se transportan a grandes distancias a través de los ríos y la deposición de sedimentos provoca impactos aguas abajo).

Impactos propiciados por las prácticas operativas de una entidad, pero no que no son resultado directo de estas,[13] por ejemplo:

- Cuando se invierte en una planta siderúrgica, los miembros del consejo de administración votan en contra de la instalación de equipos costosos que tratan la escorrentía de la planta, lo que contamina las fuentes de agua locales.
- Cuando se abren carreteras en zonas previamente inaccesibles que atraen a otros actores económicos que luego causan impactos ambientales (por ejemplo, talando bosques primarios o secundarios).

Impactos que son acumulativos y colectivos por naturaleza. Impactos ambientales combinados de más de una actividad, que pueden ocurrir durante un periodo de tiempo (acumulativos) o simultáneamente por varios actores (colectivos), donde el impacto agregado puede ser mayor que el de las actividades individuales.

- Por ejemplo, mineros y agricultores en la misma zona generan un impacto colectivo en un bosque, o diferentes operadores mineros en la misma cuenca intensifican la perturbación de los ecosistemas acuáticos, o las emisiones atmosféricas de múltiples refinerías reducen la calidad del aire dentro de una cuenca atmosférica, o cuando una fundición o refinería produce gases de efecto invernadero (GEI) a través del consumo de combustibles fósiles de una manera no coherente con los objetivos de temperatura global acordados internacionalmente (IFC, 2013[14]).

Impactos que generan consecuencias negativas recurrentes de manera crónica, persistente y constante en los sistemas humanos o ecológicos durante un largo período de tiempo:

- Por ejemplo, el consumo de agua a gran escala que provoca escasez de agua e impactos localizados en los ecosistemas acuáticos.

Impactos que son permanentes o irreversibles, y que continúan o perduran sin cambios fundamentales o marcados, un impacto que no puede repararse:

- Por ejemplo, la deforestación de la selva tropical primaria o las actividades que causan la extinción de una especie concreta.

Impactos agudos que se producen en un corto periodo de tiempo. Se utilizan para describir exposiciones breves y efectos que aparecen rápidamente tras la exposición:

- Por ejemplo, la rotura de una represa de residuos que provoca daños importantes e inmediatos en el medio ambiente y en las comunidades locales.

Las Líneas Directrices ofrecen recomendaciones específicas para comprender y evaluar los impactos ambientales asociados a las operaciones, productos y servicios de una empresa (véase el Recuadro 3).

¿Qué se entiende por riesgos ambientales e impactos negativos y cómo deberían evaluar las empresas su gravedad?

Para muchas empresas, el término *riesgo* implica un riesgo financiero, de mercado, operativo o de reputación para la propia empresa. En cambio, las Líneas Directrices se refieren a los riesgos para las personas, el medio ambiente y la sociedad causados por las empresas, a los que contribuyen o con los que están directamente vinculadas: un enfoque del riesgo orientado hacia el exterior.

Para evaluar la gravedad de un impacto ambiental, las empresas deberían tener en cuenta la escala, la magnitud y el carácter irreparable del impacto (véanse la Tabla 1 para ejemplos de escala, magnitud y carácter irreparable del impacto en el contexto de los impactos ambientales).[14]

Tabla 1. Ejemplos de indicadores de escala, magnitud y carácter irreparable de los impactos ambientales negativos

Impacto negativo	Ejemplos de escala	Ejemplos de magnitud	Ejemplos de carácter irreparable
Pérdida de biodiversidad (por ejemplo, deforestación, degradación de los arrecifes de coral, pérdida de especies) y daños a zonas protegidas Cambio climático / emisiones de gases de efecto invernadero Uso y eliminación inadecuados de materiales peligrosos Ruido y vibraciones Inestabilidad física, erosión del suelo y degradación del terreno Contaminación (aire, agua, etc.) Daños a la estética y al patrimonio cultural Mala gestión de los residuos Agotamiento del agua	Alcance del impacto sobre la salud humana Alcance de los cambios en la composición de las especies Intensidad del uso del agua (% de uso del total de recursos disponibles) Grado de generación de residuos y productos químicos (toneladas; % de generación)	Alcance geográfico del impacto Número de especies afectadas	Grado en que la rehabilitación del paraje natural es posible o viable Tiempo que tardaría la reparación

Fuente: Adaptado de OCDE (2018[15]), Guía de la OCDE de Debida Diligencia para una Conducta Empresarial Responsable, https://mneguidelines.oecd.org/Guia-de-la-OCDE-de-debida-diligencia-para-una-conducta-empresarial-responsable.pdf

Por ejemplo, entre los factores que pueden influir en la gravedad y la probabilidad de que se produzcan impactos ambientales negativos en los niveles superiores de las cadenas de suministro de minerales se encuentran los siguientes:

- el entorno local (por ejemplo, zonas de gran biodiversidad, su proximidad a zonas protegidas o lugares declarados patrimonio de la humanidad)
- vulnerabilidad del ecosistema y de las comunidades circundantes (por ejemplo, regiones con escasez de agua)
- características del material (por ejemplo, clasificación de peligrosidad, persistencia en el medio ambiente)
- prevalencia de fenómenos extremos (por ejemplo, sequía, terremotos)
- interferencia política, corrupción, inestabilidad o conflicto
- viabilidad financiera de la explotación minera (por ejemplo, nivel y tipo de capitalización)
- tamaño y escala de la operación
- nivel de organización/formalización de la operación
- propiedad de la operación (por ejemplo, cotizada en bolsa, privada, estatal)
- carácter adecuado de la tecnología utilizada (adecuada a su propósito)
- fase del ciclo de vida de la explotación minera (por ejemplo, exploración, fase posterior al cierre)
- nivel de mecanización.

Muchos impactos ambientales pueden tener repercusiones sobre los derechos humanos, en particular sobre la salud y la seguridad humanas. Esto incluye, por ejemplo, el contacto desprotegido con sustancias tóxicas a lo largo del proceso de extracción, transformación y reciclado, y la contaminación de fuentes de alimentos y agua.

Mientras que algunos impactos ambientales se manifestarán inmediatamente, otros tardarán en producirse: es posible que los futuros impactos ambientales de determinadas actividades no se manifiesten inmediatamente y, por tanto, sean más difíciles de evaluar y gestionar, y puede resultar más dificultoso determinar la causalidad. Los impactos ambientales también pueden variar, desde los de corta duración (que se reducen una vez eliminada la causa) hasta los permanentes (que continúan una vez eliminada la causa).

Tabla 2. Ejemplos de cuestiones ambientales en la cadena de suministro de minerales

Cuestión ambiental	Descripción
Pérdida de biodiversidad (por ejemplo, deforestación, degradación de los arrecifes de coral, pérdida de especies) y daños a las zonas protegidas	Pérdida o degradación de la biodiversidad de una zona específica, por ejemplo, la deforestación y el cambio de uso del suelo relacionados con la minería a cielo abierto o el daño a los hábitats o ecosistemas marinos asociados con la minería de aguas profundas. Es motivo de gran preocupación para todas las empresas que operan en zonas forestales, marinas y otras zonas clave para la biodiversidad o protegidas, en todas las fases de la cadena de suministro.
Cambio climático (por ejemplo, emisiones de gases de efecto invernadero, falta de adaptación a los riesgos físicos del cambio climático)	Cambios en las temperaturas globales y en los patrones climáticos resultantes de las emisiones antropogénicas de gases de efecto invernadero (GEI). Las emisiones de gases de efecto invernadero en las cadenas de suministro de minerales pueden ser particularmente frecuentes en las etapas de fundición y procesamiento de la cadena de suministro. Las emisiones de gases de efecto invernadero debería[15][OBJ] Como el mundo ya está experimentando el cambio climático -incluidos los cambios en la temperatura media, el aumento de la frecuencia de fenómenos meteorológicos extremos y los cambios en las estaciones-, la adaptación se refiere a los ajustes en los sistemas ecológicos, sociales o económicos en respuesta a los cambios climáticos reales o previsibles[OBJ][OBJ]ambiente, las personas y la sociedad como consecuencia del cambio climático.
Uso o eliminación inadecuados de materiales peligrosos	Materiales que, cuando se liberan al medio ambiente, pueden suponer un riesgo para los trabajadores, las comunidades, las fuentes de agua y la fauna. Algunos ejemplos de materiales peligrosos son: • elementos presentes en el mineral, como radioisótopos, arsénico, mercurio y otros metales pesados que se liberan al procesar los minerales • productos químicos de proceso, como ácidos, compuestos orgánicos, cianuro y mercurio • residuos de reciclado, que pueden ser residuos no valiosos o residuos que contienen materiales valiosos no recuperables (como el plomo residual en los residuos del reciclado de baterías de plomo-ácido).
Ruido y vibraciones	El ruido y las vibraciones pueden perturbar y tener graves impactos negativos en la biodiversidad local, así como en las personas. Las fuentes de ruido incluyen perforaciones y detonaciones, equipos fijos y móviles, excavadoras, carga/descarga y movimiento de camiones, trituradoras, molinos, ventiladores de aire, generadores diésel y herramientas neumáticas, de percusión y amoladoras grandes o manuales. Las vibraciones están asociadas principalmente a las detonaciones y al paso de vehículos pesados.
Inestabilidad física, erosión del suelo y degradación del terreno	El movimiento y el derrumbamiento de las instalaciones de almacenamiento de relaves, los vertederos de roca estéril y los taludes pueden seguir constituyendo un riesgo para las comunidades locales y la naturaleza durante un período prolongado, incluso más allá de la vida útil de la instalación productora. Compactación, extracción y alteración de la estructura física del suelo.
Contaminación (aire, agua, etc.)	Contaminación del medio ambiente por cualquier agente químico, físico o biológico que modifique las características naturales. Vertido planificado o accidental de efluentes que contienen contaminantes físicos, químicos y/o biológicos en masas de agua, que causa daños a los ecosistemas acuáticos y a los organismos terrestres que utilizan esa agua. El riesgo de contaminación del agua depende de factores específicos del lugar, como la pluviosidad, el tipo de mineral explotado, los productos químicos utilizados, la sensibilidad del medio receptor y la calidad de la gestión ambiental. La contaminación del agua es un impacto ambiental que se cruza con el derecho humano al acceso a agua potable segura, asequible y fiable. Los contaminantes atmosféricos incluyen el polvo, las partículas, los humos, los vapores y otras emisiones que no son gases de efecto invernadero (GEI), derivadas de actividades como la perforación, la detonación, la excavación, la reducción del tamaño de los materiales, la carga y el movimiento, y la fundición, el refinado y el reciclado. Deberían considerarse en función de sus volúmenes, tratamientos y lugares de emisión. Algunas emisiones causan impactos negativos en la calidad de la tierra y del suelo, así como en los ecosistemas y la salud humana en las zonas situadas a sotavento, cuando las partículas y los gases son arrastrados por las precipitaciones o se depositan por gravedad.
Daños a la estética y al patrimonio cultural	Las operaciones provocan un deterioro visible y calidad estética negativa de los paisajes naturales y artificiales, así como daños al patrimonio cultural, lo que merma la capacidad de las personas para disfrutar y beneficiarse de su entorno. Esto suele ocurrir cuando las instalaciones ocupan grandes extensiones de terreno o cuando los edificios industriales son visibles en paisajes residenciales y rurales.

Cuestión ambiental	Descripción
Mala gestión de los residuos	El impacto de los residuos sólidos y líquidos sobre el medio ambiente y la salud humana depende de sus propiedades peligrosas (o no peligrosas), de su masa y volumen y de la calidad de la gestión de los residuos (recogida y tratamiento). Pueden generarse grandes volúmenes de residuos en todas las fases de la cadena de suministro, pero son más prominentes cuando la relación producto/residuo es baja (por ejemplo, en las operaciones de minerales de baja ley) cuando no se aplican procesos circulares regenerativos, en las operaciones previas en general y en las operaciones de reciclado que no gestionan los materiales no valorizables y las fracciones y residuos peligrosos. La mala gestión de los residuos puede dar lugar a la dispersión de la contaminación y repercutir negativamente en la calidad del agua, el suelo y el aire.
Agotamiento del agua	Se utiliza más agua de la que está disponible por reposición natural o cuando el agua se desvía de los ecosistemas y los usuarios. Los riesgos suelen ser mayores en entornos permanentemente o estacionalmente áridos.

Nota: En el Capítulo 4, titulado "Enfoque de debida diligencia de seis etapas", se presentan más iteraciones de esta tabla, con orientaciones sobre indicadores y fuentes de información para los riesgos ambientales y el seguimiento de las medidas de mitigación.

3 La debida diligencia como herramienta

Este capítulo presenta la debida diligencia como herramienta y explica por qué un enfoque de debida diligencia basado en el riesgo es fundamental a la hora de abordar los riesgos ambientales y los impactos negativos en las operaciones propias de las empresas y en las cadenas de suministro globales.

Debida diligencia basada en el riesgo para abordar los riesgos ambientales y los impactos negativos

La debida diligencia basada en el riesgo espera que las empresas identifiquen, prevengan, mitiguen e informen cómo abordan los impactos reales y potenciales sobre las personas, la sociedad y el planeta. Como a menudo las empresas no podrán identificar y responder a todos los riesgos e impactos relacionados con sus actividades y relaciones comerciales de forma simultánea y con el mismo grado de atención, las Líneas Directrices las alientan **a priorizar sus riesgos e impactos más significativos (es decir, en función de la gravedad[16] y la probabilidad)** y a dedicarles atención y recursos en consecuencia. De este modo, la debida diligencia basada en el riesgo busca avanzar en el abordaje de los impactos más significativos para las personas, el planeta y la sociedad.

Los factores contextuales, como la disponibilidad de recursos, la disponibilidad de datos y tecnologías, el tamaño de la empresa, el grado de influencia de una empresa sobre un proveedor concreto, y el lugar en la cadena de suministro en el que se producen los riesgos o los impactos, pueden influir en qué medidas son adecuadas en un contexto específico. El tamaño o la capacidad de recursos de una empresa y el grado de influencia que tenga sobre un proveedor concreto no cambian su responsabilidad de llevar a cabo la debida diligencia en proporción al riesgo, pero pueden afectar la forma en que la lleva a cabo.

Los impactos ambientales negativos suelen estar estrechamente interrelacionados con otros ámbitos cubiertos por las Líneas Directrices, como los derechos humanos, los impactos sobre los trabajadores y las comunidades, el acceso a los medios de subsistencia y los derechos de propiedad sobre la tierra. A este respecto, es importante que las empresas evalúen y aborden los impactos sociales en el contexto de sus actividades de gestión ambiental y debida diligencia, como parte de sus procesos de priorización de riesgos.

La debida diligencia basada en el riesgo no sólo ayuda a garantizar que los impactos negativos más significativos se aborden en primer lugar, sino que también contribuye a garantizar que la debida diligencia **sea aplicable a la práctica para las empresas**. Dada la naturaleza generalizada y dispersa de los impactos ambientales en las cadenas de suministro de minerales, las empresas no podrán identificar y responder a cada impacto negativo, supervisar y rastrear a cada socio comercial o rastrear cada producto de manera simultánea. Como tal, un enfoque basado en el riesgo no espera resultados perfectos o cadenas de valor libres de riesgos y no penaliza a las empresas por la presencia de riesgos o impactos negativos en sus cadenas de suministro. Por el contrario, espera que las empresas prioricen adecuadamente, se centren en sus operaciones y relaciones comerciales de mayor riesgo y demuestren avances significativos y mensurables a lo largo del tiempo hacia objetivos e indicadores específicos y con plazos concretos.

A pesar de la flexibilidad que ofrece el enfoque basado en el riesgo, no se espera que las empresas decidan arbitrariamente qué es importante y qué no lo es en un contexto específico. En su lugar, los estándares de la OCDE en materia de CER establecen parámetros importantes sobre cómo deberían las empresas priorizar. **Demostrar que los procesos de priorización son creíbles y que se avanza hacia objetivos orientados a resultados y con plazos concretos** ayuda a garantizar que las empresas tomen decisiones referidas a la asignación de recursos y tiempo de forma eficiente, eficaz y acorde con los estándares internacionales.

La debida diligencia también debería adaptarse a la naturaleza, gravedad y probabilidad del impacto negativo. Cuando la probabilidad y la gravedad de un riesgo o impacto son elevadas, la debida diligencia debería ser más amplia. Esto también implica **adaptar los enfoques a riesgos e impactos específicos.**

La expectativa de que las empresas prioricen los riesgos y los impactos en función de la gravedad y la probabilidad **se aplica a todo el proceso de debida diligencia de seis etapas,** comenzando por la determinación de los riesgos a alto nivel, que a su vez informa las evaluaciones más profundas de las relaciones comerciales de mayor riesgo, hasta la forma en que una empresa responde a los impactos negativos reales o potenciales. También determina cómo se espera que las empresas realicen el seguimiento de su debida diligencia e informen al respecto.[17]

Público objetivo y responsabilidad en la debida diligencia

La debida diligencia es un proceso que abarca toda la cadena de suministro y se aplica a todas las relaciones comerciales, incluidas las que van más allá de las contractuales, las de "primer nivel" o las inmediatas (OECD, 2023[16]). En consecuencia, todas las empresas a lo largo de la cadena de suministro de minerales, desde el punto de extracción hasta el usuario final, tienen un papel que desempeñar. Sin embargo, la naturaleza de la debida diligencia puede verse afectada por la posición de una empresa en la cadena de suministro. En las cadenas de suministro con puntos de transformación clave, como las fundiciones y refinerías en el sector de los minerales, los estándares de la OCDE sobre CER reconocen el rol central que estas entidades desempeñan como "puntos de control". Las empresas situadas en niveles inferiores de la cadena de suministro, por ejemplo, pueden aprovechar la influencia y visibilidad que tienen los puntos de control sobre otros proveedores, comprobando que los propios puntos de control llevan a cabo la debida diligencia, con el fin de identificar, prevenir y mitigar los riesgos en los eslabones más remotos situados al principio de su cadena de suministro.

El concepto de puntos de control ayuda a delimitar las responsabilidades entre las entidades situadas en los niveles superiores (mineros, comerciantes y exportadores locales, comerciantes internacionales de concentrados, fundidores, refinadores y recicladores) y las situadas en los niveles inferiores (comerciantes y bolsas de metales, fabricantes de componentes, fabricantes de productos, fabricantes de equipos originales y minoristas) de muchas cadenas de suministro de minerales. La posición de los puntos de control entre las empresas situadas en los niveles inferiores de la cadena de suministro y los proveedores de las empresas situados en los niveles superiores de las cadenas de suministro también pueden influir en la relación de las empresas con los impactos negativos y, por tanto, en dónde recae la responsabilidad principal de abordar el impacto (véase la Figura 1).

Dado que este Manual aborda los impactos ambientales negativos en el sector de los minerales desde el punto de extracción hasta los puntos de transformación clave, las empresas situadas en los niveles inferiores de la cadena de suministro pueden utilizar el Manual *tanto* para: (a) evaluar las prácticas de debida diligencia de los puntos de control sobre los riesgos e impactos ambientales y los impactos que tienen lugar en los niveles superiores de la cadena de suministro*; y* (b) identificar y evaluar los impactos en el punto de control. A su vez, los puntos de control, como fundiciones y refinerías, y otras entidades situadas en los niveles superiores de la cadena de suministro deberían ejercer influencia sobre sus proveedores para abordar los riesgos e impactos ambientales, además de abordar los impactos que ellos mismos causan o a los que contribuyen.

Por lo tanto, este Manual va dirigido a todas las empresas de las cadenas de suministro de minerales que puedan estar causando, contribuyendo a causar o puedan estar directamente vinculadas con impactos ambientales negativos reales o potenciales. Sin embargo, probablemente será más útil para las empresas que determinen que están contribuyendo o que están directamente vinculadas a riesgos o impactos ambientales en la cadena de suministro. La Figura 1 ilustra cómo las entidades a lo largo de las cadenas de suministro de minerales deberían tener en cuenta estos conceptos a la hora de determinar la naturaleza de su debida diligencia. Se alienta a las empresas que utilizan este Manual a tener esto en mente y a adaptar su debida diligencia a su posición en la cadena de suministro. Además, la sección sobre la integración de consideraciones ambientales en cada etapa de la debida diligencia ofrece varios ejemplos de formas en que la posición de una entidad en la cadena de suministro de minerales y su relación con un impacto negativo pueden afectar a su debida diligencia.

Las Líneas Directrices expresan la expectativa sobre cómo las empresas deberían evitar y abordar los impactos ambientales negativos relacionados con las operaciones, productos y servicios de una empresa. La relación de una empresa con el impacto (causarlo, contribuir a él o estar directamente vinculada con él) determinará cómo debería responder una empresa a los riesgos identificados. **Aunque muchos de los riesgos y medidas de mitigación de este Manual serán pertinentes para las empresas que tratan de hacer frente a los impactos negativos que causan, este documento se centra principalmente en la debida diligencia para los riesgos ambientales en las cadenas de suministro de minerales, con énfasis, en consecuencia, en los supuestos en los que las empresas contribuyen o están directamente vinculadas con los impactos ambientales negativos.** La Figura 1 ilustra cómo estas relaciones conciernen a una cadena de suministro de minerales típica. El diagrama también refleja el rol central de las fundiciones y refinerías como puntos de control en las cadenas de suministro de minerales, con implicaciones prácticas para los respectivos roles de las entidades situadas en los niveles inferiores y superiores de las cadenas de suministro, en base a la Guía de debida diligencia de la OCDE para cadenas de suministro responsables de minerales en las áreas de conflicto o de alto riesgo.

Figura 1 Abordar los impactos ambientales en las cadenas de suministro de minerales

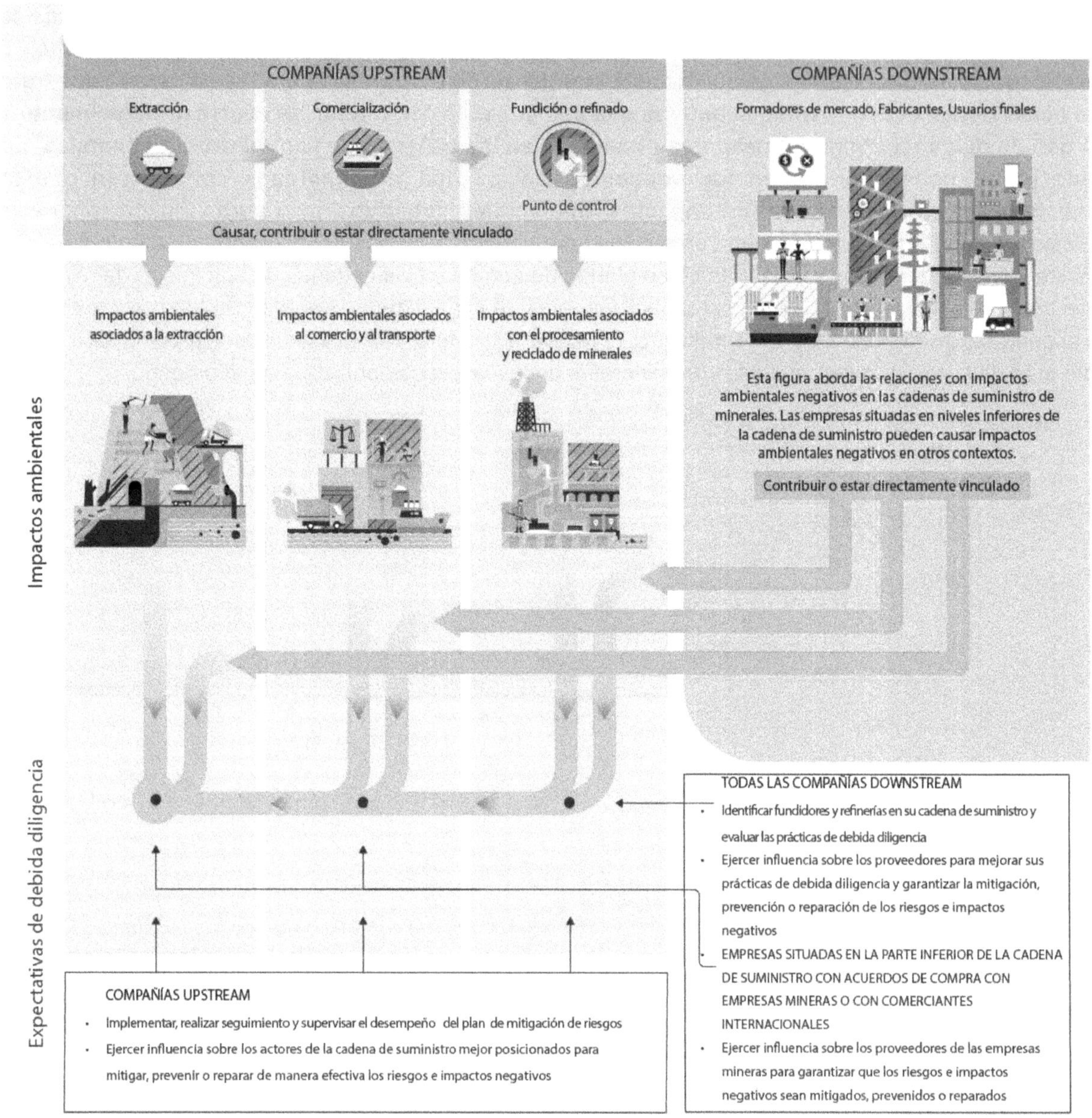

Este Manual también puede ser útil para otras partes, como las iniciativas sectoriales y de múltiples partes interesadas que facilitan la colaboración en las actividades de debida diligencia, y para los trabajadores, los sindicatos y los representantes de los trabajadores, y las organizaciones de la sociedad civil, incluidos los defensores de los derechos humanos ambientales.

Recuadro 3. Causar, contribuir y estar directamente vinculado en el contexto de los impactos ambientales

Los conceptos de causar, contribuir y estar directamente vinculado, establecidos en la Guía de CER, proporcionan un marco para entender la relación de una empresa con un impacto real o potencial, a fin de determinar las respuestas adecuadas.

Las Líneas Directrices establecen las expectativas sobre cómo deberían las empresas evitar y abordar los impactos ambientales negativos y contribuir a alcanzar los objetivos de mitigación y adaptación al cambio climático; la conservación, restauración y uso sostenible de la diversidad biológica; el uso sostenible, eficiente y legítimo de la tierra, los recursos y la energía; el consumo y la producción sostenibles, incluida la promoción de enfoques de economía circular; y la prevención, reducción y control de la contaminación.

Las Líneas Directrices definen los impactos ambientales negativos como "cambios significativos en el medio ambiente o la biota que tienen efectos nocivos en la composición, resiliencia, productividad o capacidad de carga de los ecosistemas naturales y gestionados, o en el funcionamiento de los sistemas socioeconómicos o en las personas" y señalan que los impactos ambientales deberían evaluarse a la luz de la mejor ciencia disponible.

Según las Líneas Directrices, una empresa **"causa"** un impacto ambiental negativo si sus actividades por sí solas son suficientes para producirlo. Una empresa "**contribuye** a" un impacto ambiental negativo si sus actividades, en combinación con las actividades de otras entidades, causan el impacto, o si las actividades de la empresa causan, facilitan o incentivan a otra entidad a causar un impacto negativo. Los impactos ambientales negativos también pueden estar **"directamente vinculados"** a las actividades, productos o servicios de una empresa en virtud de una relación comercial, incluso si no contribuyen a esos impactos". Según los estándares de la OCDE sobre CER, la contribución debería ser sustancial, lo que significa que no incluye contribuciones menores o triviales. La Guía de CER proporciona orientación adicional sobre estos términos.

Los impactos ambientales pueden ser colectivos e interrelacionados, o aislados; también pueden ser de naturaleza localizada o transfronteriza. Mientras que algunos impactos ambientales se conocen bien, el alcance, la naturaleza y la causa de otros pueden ser menos conocidos, estar en evolución o incluso desconocerse. Por lo tanto, mientras que en algunos casos será posible evaluar, sobre la base de la ciencia y la información disponibles, en qué medida una empresa está contribuyendo a un impacto negativo ambiental, en otros casos tal evaluación puede resultar difícil. En los casos en los que la evaluación resulte difícil, a efectos de las Líneas Directrices, la evaluación de la contribución de una empresa a los impactos negativos debería tener en cuenta en qué medida sus actividades son coherentes con los estándares ampliamente reconocidos, los procesos de gestión ambiental y las salvaguardias relativas a las buenas prácticas ambientales; así como con los puntos de referencia y estándares establecidos en las normas y marcos regulatorios ambientales aplicables; y con los acuerdos internacionales pertinentes.

Fuente: OCDE (2023[16]), Líneas Directrices de la OCDE para Empresas Multinacionales sobre Conducta Empresarial Responsable, https://doi.org/10.1787/7abea681-es.

Este Manual demuestra cómo los instrumentos elaborados por la OCDE, a saber, la Guía de CER y la Guía de Minerales, pueden utilizarse para abordar los riesgos e impactos ambientales en el sector de los minerales. Para ello, sitúa las recomendaciones existentes en un contexto relevante, proporciona ejemplos sobre cómo pueden implementarse y dirige a los usuarios a recursos relacionados. El Manual no ofrece nuevas recomendaciones ni expectativas de gestión de riesgos.

Figura 2 Cómo utilizar de manera conjunta los instrumentos de la OCDE en materia de CER

Las Líneas Directrices constituyen el único conjunto exhaustivo de expectativas respaldadas por los gobiernos sobre cómo las empresas abordan los impactos negativos sobre las personas y el medio ambiente. La OCDE ha desarrollado orientaciones específicas de debida diligencia que abarcan diferentes sectores de la economía (por ejemplo, en las cadenas de suministro de minerales, textil y de calzado y agrícola), y sobre cuestiones específicas como la participación de las partes interesadas en el sector extractivo. En 2018, la OCDE desarrolló la Guía general en materia de CER, que se basa y apoya en las guías sectoriales, pero que resulta aplicable a las empresas de todos los sectores de la economía. La Figura 2 ilustra cómo pueden utilizarse de forma conjunta los distintos instrumentos de la OCDE sobre CER.

4 Enfoque de las seis etapas de la debida diligencia

Este capítulo guía a los lectores a través del marco de la debida diligencia de seis etapas que se basa en el riesgo, respondiendo a preguntas específicas sobre cómo las empresas pueden abordar las consideraciones ambientales en cada una de las etapas.

Incorporando la gestión de riesgos ambientales en los sistemas de debida diligencia

Este Manual está dirigido a todas las empresas en la cadena de suministro de minerales. Sin embargo, dado que las empresas tienen diferentes responsabilidades en función de su relación con los riesgos e impactos identificados, podrían utilizar la información proporcionada en este capítulo de diferentes maneras, dependiendo de su posición en la cadena de suministro y de su tamaño, de dónde se encuentren sus riesgos ambientales más significativos, de la naturaleza, gravedad y probabilidad de los impactos a los que se enfrentan en la práctica y de la naturaleza de sus relaciones comerciales.

Figura 3. Proceso de debida diligencia y medidas de apoyo

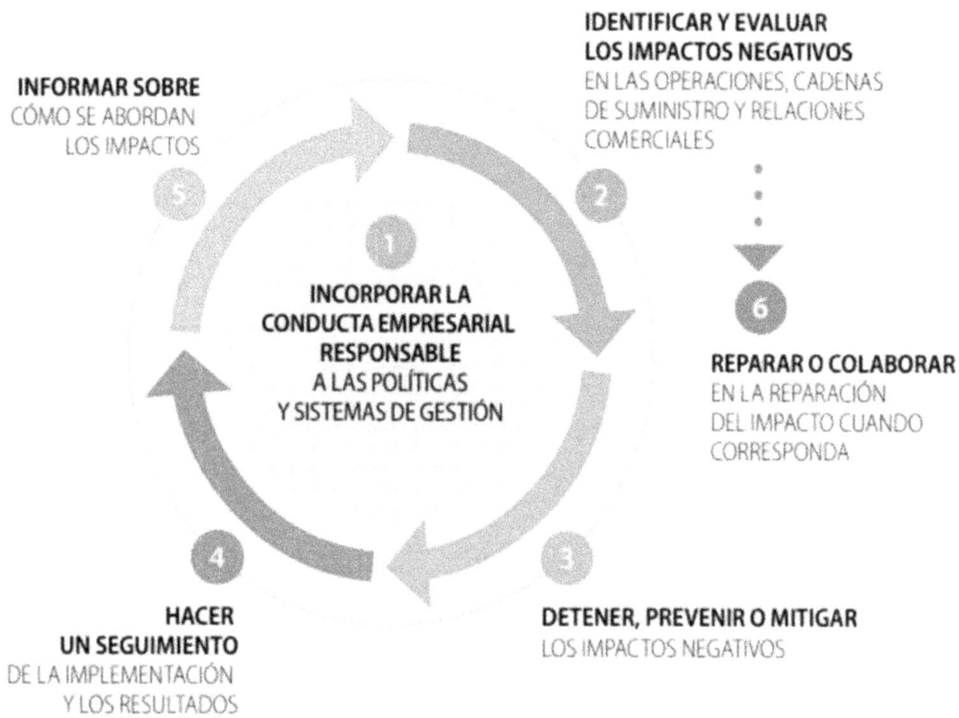

Fuente: OCDE (2018[15]), Guía de la OCDE de debida diligencia para una conducta empresarial responsable, https://mneguidelines.oecd.org/Guia-de-la-OCDE-de-debida-diligencia-para-una-conducta-empresarial-responsable.pdf .

Paso 1: Incorporar la CER a las políticas y a los sistemas de gestión

¿Qué dicen las Guía de CER y la Guía de Minerales?

- **Elaborar, adoptar y difundir una política -o una combinación de políticas- sobre cuestiones relativas a la CER,** que articulen los compromisos de la empresa con los principios y estándares contenidos en las Líneas Directrices con sus planes para llevar a cabo la debida diligencia, en las operaciones propias de la empresa, su cadena de suministro y otras relaciones comerciales.
- **Integrar las políticas de la empresa asociadas a la CER en los órganos de supervisión y los sistemas de gestión**, para que puedan ser implementados como parte de los procesos empresariales habituales, **e incorporar las expectativas y políticas relativas a la CER en el involucramiento con proveedores** y otras relaciones comerciales.

- Establecer un **sistema de controles y transparencia** sobre la cadena de suministro de minerales. Ello incluye una cadena de custodia o un sistema de trazabilidad o la identificación de los agentes situados en niveles superiores de la cadena de suministro.

Preguntas clave sobre cómo incorporar las consideraciones de riesgo ambiental en la Etapa 1:

- 1.1 ¿Cómo puede una empresa incorporar las consideraciones de riesgo ambiental en las políticas y sistemas de gestión en materia de CER?
- 1.2 ¿Cómo puede una empresa asegurarse de que sus políticas en materia CER son adecuadas a su propósito y progresivamente adaptarlas a los riesgos más graves y probables de la empresa (identificados en la Etapa 2)?
- 1.3 ¿Cuál es la relación entre los sistemas de gestión ambiental (SGA) existentes y la debida diligencia ambiental de acuerdo con los estándares en materia de CER de la OCDE?

1.1 ¿Cómo puede una empresa incorporar las consideraciones de riesgo ambiental en las políticas y sistemas de gestión en materia de CER?

El primer paso para incorporar los riesgos ambientales más significativos de una empresa en las políticas y sistemas de gestión en materia de CER consiste en identificar y priorizar las categorías generales de riesgos ambientales que el sistema de debida diligencia buscará gestionar y el por qué.

Las empresas deberían revisar y actualizar sus políticas existentes para alinearlas con los principios y estándares de las Líneas Directrices, y pueden considerar desarrollar políticas específicas sobre sus riesgos ambientales más significativos, basándose en los resultados de sus procesos de delimitación, evaluación y priorización de la Etapa 2. También deberían actualizar sus compromisos de política en materia de debida diligencia a medida que los riesgos en la cadena de suministro surjan y evolucionen. La Tabla 2 proporciona una lista indicativa y no exhaustiva de algunas cuestiones ambientales situadas al principio de las cadenas de suministro de minerales que podrían ser consideradas por las empresas para su incorporación en las políticas y sistemas de gestión (y, cuando sea el caso, para ser tenidas en cuenta al examinar las prácticas de debida diligencia de un proveedor en el marco de la Etapa 2).

Como parte de la implementación de políticas y sistemas de gestión de debida diligencia en materia de CER, las empresas deberían además adoptar medidas proporcionales y basadas en el riesgo para:

- **Comprender la capacidad, experiencia y recursos propios de la empresa** para recopilar información e incorporar la debida diligencia de manera eficaz en las cuestiones prioritarias en materia de riesgo ambiental, con el objetivo de mejorar progresivamente los sistemas y procesos a lo largo del tiempo. Por ejemplo, ¿con qué partes interesadas internas y externas –incluidos los expertos en la materia– resultaría importante realizar consultas o involucrarse?, ¿la empresa tiene una presencia en el país en el que opera su proveedor que le permita llevar a cabo un seguimiento regular y confiable de los riesgos ambientales y/o cuenta con sistemas eficaces para facilitar el involucramiento significativo del proveedor y de las partes interesadas, cuando corresponda?
- **Establecer objetivos de política en materia CER en cumplimiento con la legislación nacional,** y reconocer la importancia de aplicar los principios básicos de la jerarquía de mitigación que da prioridad a reducir o evitar los impactos ambientales frente a las medidas de compensación o restauración, al llevar a cabo la gestión de riesgos[18]. Las empresas también pueden buscar ser receptivas a las cuestiones de igualdad de género vinculadas a la protección ambiental.[19]
- **Buscar comprender y abordar las barreras que surgen de la forma en que la empresa hace negocios y que pueden obstaculizar la capacidad de los proveedores para implementar las**

expectativas de política en materia de CER y/o contribuir con los impactos negativos de la cadena de suministro (como las prácticas de compra de la empresa, los modelos de negocio y de abastecimiento y los incentivos comerciales). Las empresas también pueden abordar el desafío de los requisitos duplicados y contradictorios de los proveedores mediante la colaboración con otros actores de la industria.

- **Incorporar las expectativas para los proveedores** sobre los riesgos ambientales más significativos de la empresa. Además de articular las expectativas en las políticas en materia de CER, las empresas pueden considerar incorporar las expectativas de debida diligencia en los procesos de precalificación, los criterios de licitación o de selección de nuevos proveedores.

Definición de las líneas rojas específicas en las políticas. Las empresas también pueden optar por incluir detalles sobre posibles "líneas rojas" en sus políticas de CER o en las expectativas que establecen para nuevos proveedores en materia de riesgos ambientales. Las "líneas rojas" pueden incluir situaciones que, como último recurso, podrían desencadenar la desvinculación de un proveedor (por ejemplo, cuando los riesgos o impactos ambientales se consideren irreparables, cuando no haya perspectivas razonables de cambio o cuando los impactos o riesgos graves no se eviten o mitiguen inmediatamente).

1.2 ¿Cómo puede una empresa asegurarse de que sus políticas en materia de CER sean adecuadas a su propósito y sean adaptadas progresivamente a los riesgos más graves y probables de la empresa?

Las políticas y los sistemas de gestión ambiental pueden centrarse en aspectos técnicos sin tener en consideración las opiniones de las partes interesadas y los expertos relevantes.[20] Sin embargo, las partes interesadas (internos, externos y los expertos) pueden desempeñar un papel importante a la hora de ayudar a garantizar que los compromisos en la política de debida diligencia en materia de CER se ajusten a los estándares de la OCDE. La participación significativa de las partes interesadas es un componente clave del marco de debida diligencia, aunque definir quienes son las partes interesadas relevantes, en un momento determinado y en un contexto en particular dependerán de la empresa y de sus actividades.[21]

La participación de las partes interesadas en las cadenas de suministro de minerales desempeñará un papel especialmente importante en la adaptación de la debida diligencia a la manera en que los impactos ambientales en las cadenas de suministro de minerales pueden afectar a las personas. Las actividades de la industria extractiva pueden degradar la calidad del suelo y contribuir a la contaminación del aire y del agua, amenazando los recursos de los que dependen las personas para su subsistencia. Además de involucrar directamente a las partes interesadas en relación con las operaciones de una empresa, las empresas situadas en niveles inferiores de la cadena de suministro podrían, como parte de su propia debida diligencia de las prácticas de los proveedores, comprobar que se lleve a cabo el involucramiento de las partes interesadas. Al recurrir a la participación de las partes interesadas como parte de la debida diligencia con relación a los riesgos ambientales de las cadenas de suministro de minerales, las empresas deberían ser conscientes del nexo que a menudo existe entre los impactos ambientales y otros impactos en materia de CER que son abordados por la Guía de Minerales, como los abusos graves a los derechos humanos y la corrupción. La represión de los defensores de los derechos humanos ambientales y las diferentes formas de corrupción a veces se utilizan para suprimir los reclamos de la comunidad o evitar la rendición de cuentas por los impactos ambientales.

Recuadro 4. Involucramiento significativo de las partes interesadas

El involucramiento significativo las partes interesadas es un componente clave del proceso de debida diligencia. En algunos casos, puede también ser un derecho en sí mismo. El compromiso con las partes interesadas, implica procesos interactivos de participación con las partes interesadas relevantes, a través de, por ejemplo, reuniones, audiencias o procedimientos de consulta. Las partes interesadas relevantes son personas o grupos, o sus representantes legítimos, que tienen derechos o intereses relacionados con los ámbitos cubiertos por las Líneas Directrices que se ven o podrían verse afectados por impactos negativos asociados a las operaciones, productos o servicios de la empresa. Las empresas pueden dar prioridad a las partes interesadas más gravemente afectadas o potencialmente afectadas para su participación. El grado de impacto sobre las partes interesadas puede determinar el grado de involucramiento. La participación significativa de las partes interesadas refiere a un involucramiento en ambos sentidos, llevada a cabo de forma continua y de buena fe por todos los participantes y que es receptiva a las opiniones de las partes interesadas. Para garantizar que la participación de las partes interesadas sea significativa y efectiva, es importante asegurarse de que sea oportuna, accesible, adecuada y segura para las partes interesadas, e identificar y eliminar los posibles obstáculos a la participación de las partes interesadas en situación de vulnerabilidad o marginación. La Guía de CER y las guías sectoriales específicas de la OCDE incluyen apoyo práctico para que las empresas se involucren con las partes interesadas, incluso como parte de la debida diligencia de una empresa. Este involucramiento es especialmente importante en la planificación y toma de decisiones concernientes a proyectos u otras actividades que impliquen, por ejemplo, el uso intensivo de la tierra o el agua que podría afectar significativamente a las comunidades locales.

Fuente: Tomado del Comentario al Capítulo II: Políticas generales de las Líneas Directrices de la OCDE para Empresas Multinacionales sobre la Conducta Empresarial Responsable (OECD, 2023[16]) https://doi.org/10.1787/81f92357-en.

Al establecer una política de abastecimiento de pequeños proveedores, como la MAPE o los pequeños procesadores, comerciantes y fundidores/refinadores asociados, se debería prestar atención a las limitaciones a las que pueden enfrentarse para implementar planes de acción correctivos de forma oportuna y adecuada. En consecuencia, aun cuando es necesario establecer políticas para los pequeños proveedores, éstas deberían permitir una mayor flexibilidad, exigiendo mayor rigor a medida que aumente la capacidad del proveedor. Por ejemplo, la gestión de relaves es importante para la MAPE, pero la conformidad con el Estándar Global de Gestión de Relaves para la Industria Minera (EGGRIM) puede no ser apropiada dada la capacidad limitada de los proveedores de MAPE y a los bajos riesgos asociados con menores tonelajes de relaves.[22]

La asignación adecuada de recursos es fundamental para comprender hasta qué punto una política empresarial se ajusta a su propósito. Tras la consulta y la elaboración de la política, podría diseñarse un presupuesto y un sistema de dotación de recursos para apoyar la implementación, que podría incluir:

- Cómo se mejorarán los sistemas de gestión ambiental y/o de abastecimiento responsable para apoyar el cumplimiento de los compromisos de la política,
- Las partes responsables de la implementación de la política,
- Cómo se formará al personal en la nueva política y en los sistemas de gestión mejorados,
- Un plan de comunicaciones y compromiso que defina cómo se comunicará la política a los clientes y proveedores, y qué y cuándo se incluirán las nuevas obligaciones en contratos nuevos y preexistentes.

Finalmente, el seguimiento de los avances en relación con los objetivos de la política de CER y los objetivos e indicadores específicos de la Etapa 4 ayudan a las empresas a comprender si sus políticas y sistemas de gestión están abordando eficazmente los riesgos ambientales prioritarios y los impactos negativos. Este tipo de retroalimentación de las lecciones aprendidas es importante para mejorar continuamente los procesos y los resultados a lo largo del tiempo.

1.3 ¿Cuál es la relación entre los sistemas de gestión ambiental (SGMA) existentes y la debida diligencia ambiental de acuerdo con los estándares en materia de CER de la OCDE?

La gestión ambiental "implica llevar a cabo la debida diligencia basada en el riesgo con respecto a los impactos ambientales negativos", de conformidad con las Líneas Directrices. En el contexto de las Líneas Directrices, el término "gestión ambiental" se interpreta en un sentido amplio, abarcando "las actividades destinadas a comprender los impactos y riesgos ambientales, evitando y abordando los impactos ambientales relacionados con las operaciones, productos y servicios de una empresa, teniendo en cuenta la participación de la empresa en los impactos acumulativos y buscando de manera continuada mejorar el desempeño ambiental de una empresa".

Mejorar el desempeño ambiental requiere un compromiso con un enfoque sistemático y con la mejora continua. Un SGA proporciona el marco interno necesario para integrar las consideraciones ambientales en las operaciones de la empresa. Disponer de un sistema de este tipo debería contribuir a garantizar a los accionistas, trabajadores, empleados, comunidades y otras partes interesadas relevantes que la empresa trabaja activamente para proteger el medio ambiente del impacto de sus actividades. La Tabla 3 ilustra los elementos relacionados de un SGA (basado en la norma ISO 14001:2015) y la correlativa debida diligencia de conformidad con las Líneas Directrices y las Guías de CER.

En la práctica, sin embargo, los sistemas tradicionales de gestión ambiental pueden diferir en alcance y propósito de las expectativas establecidas en las Líneas Directrices. Por ejemplo, pueden centrarse únicamente en los impactos ambientales asociados a las operaciones directas de una empresa, en lugar de informar también sobre los riesgos e impactos a lo largo de su cadena de suministro, incluidas sus relaciones comerciales. Pueden implicar un enfoque basado en el cumplimiento de objetivos ambientales específicos en lugar de un enfoque basado en el riesgo dirigido a la mejora continua a lo largo del tiempo, y pueden no prever de manera suficiente la participación significativa de las partes interesadas.

En este sentido, las empresas pueden tener en cuenta los sistemas de gestión ambiental existentes como una herramienta de apoyo a su debida diligencia, abordando al mismo tiempo las brechas que puedan existir en los sistemas existentes en comparación con el proceso de debida diligencia basado en el riesgo recomendado por las Líneas Directrices. Para las empresas situadas en niveles inferiores de la cadena de suministro, esto puede implicar evaluar el alcance y la pertinencia de los sistemas de gestión ambiental de los proveedores e incorporar su propia debida diligencia.

Tabla 3. Integración del SGA en consideraciones más generales sobre CER

Etapa pertinente del marco de debida diligencia de la OCDE	Elementos correspondientes de un sistema de gestión ambiental (basado en ISO 14001:2015)
Paso 1: Incorporar la CER en las políticas y sistemas de gestión	Asegurar el liderazgo y el compromiso de la alta dirección de una empresa, definiendo una política ambiental, estructuras organizativas y procesos para la gestión ambiental. Asegurando los recursos necesarios, las competencias y una comunicación interna adecuada. Entendiendo el contexto en el que opera una empresa, incluidas las necesidades y expectativas de las partes interesadas y sus requerimientos legales.
Paso 2: Identificar y evaluar los impactos negativos en las operaciones, cadenas de suministro y relaciones comerciales	Identificando, evaluando y comunicando internamente los impactos ambientales, los riesgos y oportunidades asociados. Entendiendo el contexto en el que opera una empresa, incluidas las necesidades y expectativas de sus partes interesadas y sus requerimientos legales.

Etapa pertinente del marco de debida diligencia de la OCDE	Elementos correspondientes de un sistema de gestión ambiental (basado en ISO 14001:2015)
Paso 3: Detener, prevenir o mitigar los impactos negativos	Establecer objetivos ambientales. Planificar y tomar medidas para lograr los objetivos.
Paso 4: Hacer un seguimiento de la implementación y los resultados	Realizar un seguimiento de la implementación mediante la evaluación del desempeño ambiental y el cumplimiento de la ley. Lograr una mejora continua.
Paso 5: Informar sobre cómo se abordan los impactos	Asegurar una adecuada comunicación externa sobre el SGA y sus resultados
Paso 6: Proveer o colaborar en la reparación cuando corresponda y Paso 3 Detener, prevenir o mitigar los impactos negativos	Abordar las no conformidades y adoptar medidas correctivas.

Fuente: ISO 14001:2015 Sistemas de gestión ambiental – Requerimientos con orientación para su uso.

Paso 2: Identificar y evaluar los impactos negativos reales y potenciales asociados a las operaciones, productos o servicios de la empresa

¿Qué dice la Guía de CER?

- Llevar a cabo **un amplio ejercicio de delimitación del alcance** para identificar todas las áreas de la empresa, a lo largo de sus operaciones y relaciones, incluyendo en sus cadenas de suministro, en las que es más probable que existan riesgos asociados a la CER más significativos.
- A partir de las áreas previamente identificadas donde se observan riesgos más significativos, **mapear y llevar a cabo evaluaciones iterativas y progresivamente más exhaustivas** de las operaciones, los proveedores y otras relaciones comerciales priorizadas para identificar y evaluar los impactos negativos reales y potenciales específicos asociados a la CER.
- **Evaluar la implicación de la empresa en los impactos negativos reales o potenciales** identificados para determinar las respuestas adecuadas. En concreto, evaluar si la empresa: causó, contribuyó o estuvo directamente vinculada al impacto a través de una relación comercial (o podría causar, contribuir o estar directamente vinculada a un impacto potencial).
- A partir de la información obtenida sobre los impactos negativos reales y potenciales, cuando sea necesario, **priorizar los riesgos e impactos más significativos asociados a la CER para actuar** en función de su gravedad y probabilidad.

Preguntas clave sobre cómo integrar las consideraciones de riesgo ambiental en esta Etapa:

- 2.1 ¿Qué factores puede tener en cuenta una empresa al **delimitar y priorizar** los riesgos e impactos ambientales en su cadena de suministro?
- 2.2 ¿Qué tipos de fuentes de información y herramientas pueden utilizar las empresas para **evaluar en profundidad** los riesgos e impactos ambientales de los proveedores prioritarios?
- 2.3 ¿Qué tipos de **indicadores** pueden desencadenar una debida diligencia reforzada?
- 2.4 ¿Qué riesgos e impactos ambientales específicos puede presentar el abastecimiento a partir de **fuentes secundarias**?
- 2.5 Al identificar y evaluar los **impactos climáticos**, ¿con qué herramientas y recursos cuentan las empresas para evaluar los **focos de** gases de efecto invernadero **(GEI)** en la cadena de suministro?
- 2.6 ¿Cómo puede una empresa evaluar la vinculación de la **MAPE** en los impactos ambientales negativos reales o potenciales?

- 2.7 ¿Cómo puede una **empresa evaluar su vinculación** con los riesgos ambientales y los impactos negativos identificados en la cadena de suministro?

2.1 ¿Qué factores puede tener en cuenta una empresa a la hora de delimitar y priorizar los riesgos e impactos ambientales en su cadena de suministro?

- Las empresas deberían llevar a cabo un ejercicio inicial de evaluación de alto nivel de sus propias operaciones y relaciones comerciales para identificar y priorizar las áreas de riesgo ambiental más graves y probables, teniendo en cuenta los "factores de riesgo" sectoriales, de producto, geográficos y a nivel de empresa.[23]
- Se espera que las empresas recopilen información de diversas fuentes a efectos de realizar el ejercicio de alto nivel para la delimitación del alcance, incluida la información obtenida a través de los sistemas de alerta temprana y los mecanismos de reclamación y mediante el involucramiento con las partes interesadas y los expertos relevantes. La definición del alcance debería actualizarse con nueva información, cuando la empresa introduzca cambios significativos (por ejemplo, cuando opere en o se abastezca de un nuevo país, desarrollando una nueva línea de productos o servicios o establezca nuevas formas de relación comercial).

En el contexto de los impactos ambientales, algunos procesos de minería, fundición y refinado tienen una huella ambiental mayor que otros, y algunas geografías y entornos biofísicos son más sensibles que otros. Por ejemplo, las empresas pueden tener en cuenta los siguientes factores:

Tipo de ecosistema (terrestre, marino y acuático) y topografía:

- Cuando las operaciones se sitúan en zonas de gran biodiversidad, como bosques, humedales o zonas litorales, se requiere una debida diligencia intensiva en relación al riesgo de impactos ambientales negativos. Por ejemplo, se ha observado un aumento del número de licencias de exploración en bosques tropicales y subtropicales, y un crecimiento de minas en paisajes forestales y en países con una gobernanza débil para gestionar las interacciones entre minería y bosques.
- Si bien los puntos con alto nivel de biodiversidad, como los bosques tropicales, merecen prioridad en función de la protección de la biodiversidad, en el contexto de la mitigar los impactos climáticos, la minería de turberas, humedales, pastizales y bosques boreales también es altamente destructiva debido al potencial de secuestro de carbono de los suelos en estos biomas, sin perjuicio de su propia y singular biodiversidad.
- Las zonas donde existen recursos hídricos superficiales y subterráneos que sustentan importantes ecosistemas acuáticos y/o usos humanos como para agua potable y la subsistencia u otros usos tradicionales también son zonas para tener en cuenta. Las operaciones mineras pueden afectar la calidad y cantidad del agua, y el umbral de riesgos e impactos significativos en zonas de importantes recursos acuáticos e hídricos puede ser inferior que en otros lugares.
- Además, cuando las explotaciones están situadas en zonas propensas a fuertes precipitaciones, los impactos de la actividad sísmica sobre la integridad de las represas pueden ser más importantes, resultando en un aumento del riesgo de daños para las operaciones físicas (por ejemplo, roturas de represas que provoquen un drenaje ácido y metalífero no controlado).

Tipo de mineral:

- Algunos tipos de yacimientos minerales presentan un riesgo intrínsecamente mayor, debido a las altas concentraciones de minerales radiactivos, minerales reactivos, minerales generadores de ácido, minerales de lixiviación de metales o elementos tóxicos que pueden ser más difíciles de gestionar. Los residuos de minería, procesamiento, fundición y refinado de este tipo de operaciones pueden suponer un mayor riesgo para las personas y la naturaleza durante la vida de la operación y durante largos periodos de tiempo después del cierre de las operaciones.

- Los riesgos aumentan con el paso a minerales de calidad inferior, ya que producen mayores volúmenes de residuos y requieren más energía, agua y productos químicos para su procesamiento.
- Diferentes productos básicos (commodities) producen especificidades de impacto ambiental diferentes. Algunos metales tienen un alto impacto específico (potenciales), pero sólo un pequeño impacto en términos absolutos debido a volúmenes más bajos y flujos de masa, mientras que otros metales (hierro/acero) muestran un alto impacto global debido sobre todo a sus mayores volúmenes y flujos de masa. Puede encontrarse más información en el informe de la OCDE Perspectivas de los recursos materiales mundiales hasta 2060 (OECD, 2019[17]).

Tipo de extracción y transformación:

- Las técnicas y los productos químicos utilizados para procesar la materia prima pueden determinar la probabilidad de que se produzcan riesgos ambientales e impactos negativos. En general, el refinado y la fundición suelen requerir grandes cantidades de energía, que en muchos casos procede de combustibles fósiles, que generan emisiones de gases de efecto invernadero (GEI). El transporte y la manipulación tienden a producir grandes cantidades de polvo, compuestos orgánicos volátiles y GEI y generan emisiones de ruido (Garbarino et al., 2021[18]). El almacenamiento de minerales tiende a plantear problemas con la seguridad (estabilidad estructural, física y química), puede producir emisiones al suelo, al agua y a la atmósfera (en menor medida), y tener un impacto en los hábitats.
- La minería a cielo abierto puede producir más impactos en la superficie terrestre y en el aire (polvo) que la minería subterránea, ya que la superficie terrestre a cielo abierto y las zonas de vertido de roca estéril ocupan más espacio en comparación con la minería subterránea. Sin embargo, tanto la minería subterránea como la minería a cielo abierto pueden tener impactos tanto en la calidad como en la cantidad del agua. El desagüe puede ser necesario durante las operaciones mineras para mantener las explotaciones secas y seguras para los mineros, pero esto puede afectar la disponibilidad de agua. La precipitación y la escorrentía sobre las superficies minadas y los residuos mineros y de procesamiento pueden provocar la movilización de metales hacia las tierras adyacentes, las aguas subterráneas y las aguas superficiales, tanto en las minas subterráneas como a cielo abierto. Los embalses de relave pueden constituir un riesgo en muchas explotaciones.

Identificar las categorías de materiales, procesos y ecosistemas que pueden aumentar la gravedad y la probabilidad de los riesgos e impactos ambientales como parte de un ejercicio inicial de delimitación del alcance, puede proporcionar indicadores que informen un enfoque basado en el riesgo y permitan a la empresa llevar a cabo una priorización inicial de las áreas de riesgo más significativas para su posterior evaluación. Basándose en las cuestiones de riesgo priorizadas, una empresa puede seleccionar operaciones y relaciones comerciales de mayor riesgo para realizar un mapeo y una evaluación de riesgos en profundidad a fin de identificar riesgos e impactos negativos específicos, a nivel de localización e impactos adversos.

Además, pueden producirse riesgos e impactos durante y después del cierre de la mina. Por ejemplo, algunas operaciones pueden tener represas y embalses de relaves que deberían ser supervisados y mantenidos a largo plazo para asegurar su estabilidad y evitar fugas, potenciales contaminaciones y fallas. Algunas operaciones requieren una gestión y un control del agua a largo plazo, ya que la escorrentía y las filtraciones que entran en contacto con los residuos de la mina, los relaves y las paredes del pozo y de la mina subterránea pueden seguir siendo un riesgo y una fuente potencial de impactos mucho después del cierre de la mina. Los impactos ambientales posteriores al cierre pueden ser tanto o más importantes que los riesgos durante la propia operación minera si las actividades de cierre no se han llevado a cabo correctamente. Además, podría haber una mayor probabilidad de que las medidas de mitigación no se mantengan o fallen si el operador minero ya no está activo en el emplazamiento y generando ingresos para financiar la supervisión y el mantenimiento posteriores al cierre.

2.2 ¿Qué tipos de fuentes de información y herramientas pueden utilizar las empresas para **evaluar en profundidad** los riesgos e impactos ambientales de los proveedores prioritarios?

- Se espera que las empresas realicen evaluaciones proporcionales y basadas en el riesgo de los proveedores prioritarios para identificar y evaluar impactos ambientales específicos. Para la mayoría de los tipos de riesgos, estas evaluaciones incluirán:
    - Los impactos negativos reales o potenciales causados o contribuidos por el proveedor, incluidos los asociados a futuros proyectos o actividades.
    - La capacidad y disposición de los proveedores para llevar a cabo la debida diligencia.
    - La idoneidad de la debida diligencia realizada, incluyendo las medidas para prevenir, mitigar y reparar los riesgos e impactos ambientales relevantes (Etapas 3 y 6).
- Buscar recopilar suficiente información para evaluar la naturaleza y el alcance de los impactos reales y potenciales vinculados a los proveedores prioritarios e identificar lagunas de información o puntos ciegos. Para ello, disponen de una serie de herramientas y fuentes de información para evaluar los distintos tipos de riesgos e impactos ambientales (véase la Tabla 4).
- El tipo de evaluación y las fuentes de información adecuadas en un contexto específico dependerán, entre otras cosas, de la naturaleza del riesgo ambiental, su gravedad y probabilidad, dónde en la cadena de suministro se sitúa el riesgo y la posición en la cadena de suministro de cada empresa con relación al riesgo o impacto.

Por ejemplo, cuando los riesgos se sitúan en los segmentos situados en los niveles superiores más alejados de la cadena de suministro, en el punto de extracción o cerca de este, las empresas de los segmentos situados en niveles inferiores de la cadena de suministro deberían obtener, cuando sea adecuado y factible, información sobre las relaciones comerciales más allá de los proveedores contractuales y establecer procesos para evaluar el perfil de riesgo de los niveles más alejados de la cadena de suministro. Esto puede ser realizado de forma individual o en colaboración y puede incluir la revisión de las auditorías de proveedores existentes u otras evaluaciones, interactuando con los agentes intermedios relevantes y/o los puntos de control (como fundiciones, refinerías y comerciantes internacionales de concentrados) en la cadena de suministro para evaluar la calidad de su debida diligencia (véase la Figura 1), y la consulta con las partes interesadas relevantes.

En tal situación, la evaluación de riesgos de las empresas situadas en niveles inferiores de la cadena de suministro, se centrará generalmente en la evaluación y la mejora de los sistemas de gestión de la debida diligencia de los puntos de control, que suelen tener mayor visibilidad e influencia sobre otros segmentos situados en niveles superiores de la cadena de suministro. Alternativamente, si el riesgo o el impacto negativo se sitúa en el propio punto de control, las evaluaciones de riesgos de las empresas de los segmentos situados en niveles inferiores de la cadena de suministro pueden centrarse en las actividades de mitigación, prevención y reparación de los propios puntos de control.

En la Tabla 4 Ejemplos de indicadores y fuentes de información para identificar y evaluar riesgos ambientales claves en las empresas situadas en niveles superiores de la cadena de suministro enumera algunos ejemplos de fuentes genéricas de información para evaluar el riesgo ambiental o las categorías de impacto en función de posibles indicadores; el Anexo B ofrece mayor detalle con ejemplos de los tipos de organizaciones, herramientas y recursos en línea.

Tabla 4. Ejemplos de indicadores, fuentes de información para identificar y evaluar riesgos ambientales claves en las empresas situadas en niveles superiores de la cadena de suministro

Aspectos ambientales	Posibles datos e indicadores	Lista no exhaustiva de posibles fuentes de información y herramientas útiles
Pérdida de biodiversidad (por ejemplo, deforestación, degradación de los arrecifes de coral, pérdida de especies) y daños a las zonas protegidas.	Superficie ocupada por las operaciones Especies en peligro Mediciones del estado de salud del ecosistema utilizando datos de biomonitorización Servicios ecosistémicos afectados Proximidad a zonas clave para la biodiversidad Superficie de hábitats valiosos destruidos Perturbación de la vida silvestre Superficie deforestada Porcentaje de áreas clave de biodiversidad que pueden verse afectadas por las operaciones Información sobre los peligros físicos y la toxicidad de los materiales para la salud humana y el medio ambiente durante la manipulación, el transporte y el uso de estos materiales.	SGA Evaluaciones de impacto ambiental y social (EIAS), incluidos planes de gestión de la biodiversidad, planes de acción sobre biodiversidad, planes de cierre de minas y planes de compensación de biodiversidad. Estudios académicos, industriales y de organizaciones no gubernamentales (ONG) Datos de monitoreo continuo gubernamentales o del proveedor Informes de programas de gestión ambiental y del agua gubernamentales o del proveedor Líneas Directrices y evaluaciones nacionales/regionales sobre activos de biodiversidad y capital natural Herramientas y software de observación de la tierra Organismos internacionales como el Convenio sobre la Diversidad Biológica (CDB) pueden disponer de datos adicionales para determinadas regiones.
Cambio climático (por ejemplo, emisiones de gases de efecto invernadero, falta en la adaptación a los riesgos físicos del cambio climático)	Emisiones de gases de efecto invernadero de alcance 1, 2 y 3 Alineación con los objetivos relevantes y las vías de transición	El plan de transición a cero emisiones netas de la entidad El plan de adaptación al cambio climático de la entidad Fuentes de información relacionadas con la credibilidad de los planes de transición a cero emisiones netas incluidos, por ejemplo, los criterios de "Race to Zero", el Informe del Grupo de Trabajo de la Organización de las Naciones Unidas "Integrity Matters" SGA ESIA Programas de gestión ambiental y social (PGAS) Evaluaciones del ciclo de vida (ECV) Marcos de información sobre GEI Estudios académicos, industriales y de ONG y participación de expertos Cumplimiento de los estándares sobre emisiones de GEI Datos del Carbon Disclosure Project
Uso y eliminación inadecuados de materiales peligrosos	Cantidad y tipos de materiales peligrosos utilizados Cantidad de materiales peligrosos liberados al aire o a fuentes de agua Información sobre los peligros físicos y la toxicidad de los materiales para la salud humana y el medio ambiente durante el manejo, el transporte y el uso de estos materiales	SGA ESIAs ESMPs ECV Estudios académicos, industriales y de ONG Fichas de datos de seguridad
Ruido y vibraciones	Intensidad y frecuencia del ruido generado Intensidad y frecuencia de las vibraciones	ESIAs SGA ESMPs Sistemas comunitarios de vigilancia Estudios académicos, industriales y de ONG
Inestabilidad física, erosión del suelo y degradación de la tierra	Número y frecuencia de rupturas de las instalaciones de almacenamiento de relaves Número y frecuencia de fallas de taludes Volumen de material potencialmente inestable Riesgo sísmico Datos sobre la calidad del suelo	Estabilidades de viabilidad Estudios geotécnicos Datos de seguimiento de taludes Evaluación del riesgo sísmico Datos de vigilancia sísmica EMS ESIA ESMPs Estudios geotécnicos Seguimiento participativo de las partes interesadas

Aspectos ambientales	Posibles datos e indicadores	Lista no exhaustiva de posibles fuentes de información y herramientas útiles
Contaminación (aire, agua, etc.)	Emisiones a la atmósfera (excluidos los GEI) - cantidad y tipos Tipo y cantidad de contaminantes vertidos Número de personas que viven en la zona local (cuenca hidrográfica, cuenca atmosférica) Número de personas que dependen del agua dulce local para uso doméstico Número de personas que dependen del medio ambiente local (por ejemplo, ríos, lagos, bosques y biodiversidad) para su seguridad alimentaria y nutrición Número de personas afectadas por enfermedades relacionadas con la contaminación Información sobre los peligros físicos y la toxicidad de los materiales para la salud humana y el medio ambiente durante la manipulación, el transporte y el uso de estos materiales.	SGMA ESIA ESMP ECV Redes de control de los gobiernos centrales y regionales Estudios académicos, industriales y de ONG Fichas de datos de seguridad Información censal del área local Estudios de referencia socioeconómicos y de servicios ecosistémicos Seguimiento participativo de las partes interesadas
Daños a la estética y al patrimonio cultural	Superficie ocupada por las operaciones Número de quejas sobre el impacto en el patrimonio cultural o la estética visual	ESIAs ESMP Estudios académicos, industriales y de ONG
Gestión inadecuada de residuos	Residuos generados (cantidad y tipo) Sistema de gestión de residuos Porcentaje de estériles con revestimientos para minimizar las filtraciones Tipo de diseño de gestión de filtraciones implantado Porcentaje de instalaciones de almacenamiento de estériles con cubierta de cierre Porcentaje de relaves de roca estéril con cubiertas de cierre, cuando sea necesario Información sobre los peligros físicos y la toxicidad de los materiales para la salud humana y el medio ambiente durante la manipulación, el transporte y el uso de estos materiales.	SGA ESIA ESMP ECV Estudios académicos, industriales y de ONG Fichas de datos de seguridad
Agotamiento del agua	Uso del agua Datos sobre la escasez de agua Balance de la cuenca hidrográfica, incluidos otros usos Caudal de aguas superficiales Nivel de las aguas subterráneas Proximidad a otras minas Balances de cuencas hidrográficas Huella hídrica (ISO 14046)	Estudios y modelos hidrológicos EMS ESIA realizados en la zona ESMP Estudios académicos, industriales y de ONG Sistemas de seguimiento comunitario ECV Informes sobre el agotamiento del agua, impactos en la disponibilidad de agua para los usuarios

Nota: esta Tabla se corresponde con la tabla sobre riesgos ambientales en el Capítulo 2 de este Manual.

Entre otras fuentes y tipos de información que las empresas pueden encontrar relevantes a la hora de evaluar los riesgos ambientales asociados a los proveedores se incluyen:

- **Detalles de las políticas en materia de CER, modelos de negocio y de abastecimiento** con especial atención a las cuestiones de riesgos ambiental prioritarias **del proveedor relevante**.
- **Detalles de los SGA existentes**, incluyendo si han sido verificados por un tercero independiente.
- **Detalles de las ESIA existentes**, incluyendo si han sido realizadas por una parte independiente y el grado de involucramiento con las comunidades locales durante la investigación, redacción y finalización, y otras evaluaciones ambientales, autorizaciones y permisos (véase el Recuadro 4).
- **Sistemas de alerta temprana establecidos por los proveedores**, para identificar y prevenir impactos ambientales. Estos incluyen cuatro elementos clave: conocimiento del riesgo, sistema

de vigilancia y alerta, comunicación y difusión de las alertas, y capacidad de respuesta del proveedor (UNISDR, 2008[19]).

- **Detalles sobre las estrategias de los proveedores para abordar los impactos ambientales**, por ejemplo, mejoras en la eficiencia (uso de equipos adecuados, optimizaciones de procesos, etc.), despliegue de energías renovables (almacenamiento de energía in situ, electrificación de la flota de vehículos, etc.), reducción de la intensidad energética y neutralización.
- **Ubicación de las operaciones y zonas de concesión relevantes**, incluida la exposición a fenómenos naturales extremos, el estrés hídrico, la proximidad a zonas sensibles como fuentes de agua, zonas protegidas y otras zonas de gran valor para la biodiversidad y los recursos naturales y los asentamientos humanos. Para determinar el estrés hídrico y el riesgo para la biodiversidad se dispone del Atlas de Riesgos Hídricos del Acueducto del Instituto de Recursos Mundiales (ARHAIRM) (World Resources Institute, 2021[20]), así como de las herramientas de la Alianza para la Herramienta Integrada de Evaluación de la Biodiversidad (IBAT Alliance, n.d.[21]).
- **Información sobre el desbroce** y la restauración de tierras (en porcentaje del tamaño total del activo o de la concesión), incluida la deforestación y la reforestación (en porcentaje del tamaño total del activo o de la concesión).
- **Planes de cierre**, que abarquen el desmantelamiento, los planes de cierre social y la rehabilitación del emplazamiento y las provisiones financieras para este fin.

Recuadro 5. Evaluaciones de Impacto Ambiental y Social (EIAS)

En la mayoría de las jurisdicciones, un proveedor cuyas actividades den lugar a riesgos e impactos significativos (como un operador minero) estará obligado a realizar una EISA. Por lo general, las EISA tienen en cuenta la sensibilidad, la calidad y los valores asociados al entorno biofísico, cultural y social en caso de que se produzca un riesgo, así como la capacidad del entorno receptor y de las poblaciones para hacer frente a los impactos resultantes. También debería considerar el alcance (extensión geográfica/distancia, magnitud, intensidad, duración) y la consecuencia probable de los impactos derivados del riesgo (IAIA, n.d.[22]).

Además de formar parte de la debida diligencia, el contenido de una EISA puede ser una fuente de información utilizada en los procesos de debida diligencia. Sin embargo, el contenido específico variará de una jurisdicción a otra y dependerá de la naturaleza de la operación propuesta que se esté evaluando. La calidad y la credibilidad de la EISA pueden variar en función, por ejemplo, de la independencia del evaluador o del equipo de expertos, de la credibilidad, el rigor y la profundidad de la información proporcionada, del nivel y la calidad de la participación de las partes interesadas y del grado de transparencia, entre otros factores. Cuando surjan dudas sobre la calidad o la independencia de una EISA, la empresa no debería basarse en la información de la EISA para su proceso de debida diligencia.

Además, las empresas situadas en los niveles inferiores de la cadena de suministro pueden considerar la posibilidad de recopilar información, por ejemplo, a través de:

- **La Información obtenida a través de los mecanismos de reclamación de la cadena de suministro** y otras plataformas de supervisión, incluida la evaluación de la eficacia de los mecanismos de reclamación a nivel operativo.
- **El involucramiento significativo con las partes interesadas y/o expertos relevantes**, incluidas las partes interesadas afectadas (o potencialmente afectadas) por impactos ambientales negativos asociados a las operaciones, productos o servicios de la empresa, o sus representantes legítimos.

- **Inspecciones o evaluaciones in situ**, cuando sea posible, de los proveedores prioritarios (incluso con un experto local para conocer al proveedor, sus actividades y procesos de producción y debida diligencia).[24]
- **Evaluaciones existentes** de proveedores priorizados, por ejemplo, por iniciativas de múltiples partes interesadas, industriales o gubernamentales ("iniciativas de sostenibilidad"') (como auditorías ISO14001 o evaluaciones de la Marca del Cobre, Initiative for Responsible Mining Assurance (IRMA), Towards Sustainable Mining (TSM), Responsible Jewellery Council (RJC), Consejo Internacional de Minería y Metales (ICMM), Consejo Mundial del Oro (WGC), Responsible Steel, Aluminium Stewardship Initiative (ASI), Código del Estaño de la Asociación Internacional del Estaño), y la Norma de Orientación Ambiental y Social para Cadenas de Suministro de Minerales de la Responsible Minerals Initiative/Responsible Business Alliance. the Copper Mark, Initiative for Responsible Mining Assurance (IRMA), Towards Sustainable Mining (TSM), Responsible Jewellery Council (RJC), International Council on Mining and Metals (ICMM), World Gold Council (WGC), Responsible Steel, Aluminium Stewardship Initiative (ASI), the International Tin Association's Tin Code), and the Environmental Social Guidance Standard for Mineral Supply Chains of the Responsible Minerals Initiative/Responsible Business Alliance.
- **Otros enfoques colaborativos** con actores de la industria, por ejemplo, en paisajes sensibles que albergan una producción significativa de una categoría específica de minerales, las empresas pueden cooperar y financiar conjuntamente una Evaluación Ambiental Estratégica a nivel de paisaje (a definir por las partes interesadas relevantes) en lugar de a operaciones específicas (European Union, 2021[23]), para lograr economías de escala, identificar impactos acumulativos y cuestiones prioritarias que sirvan de base a sus estrategias de abastecimiento, y cooperar en la reducción de la gravedad o la probabilidad de que surjan determinados riesgos (véase en el Recuadro 3 un ejemplo de enfoques de colaboración para evaluar los riesgos ambientales). Esto podría hacerse, por ejemplo, a través de una plataforma industrial o de una iniciativa múltiples partes interesadas como la Iniciativa de Minerales Responsables (liderada por la industria) o la Asociación Europea de Minerales Responsables y la Alianza Público-Privada de Minerales Responsables (de múltiples partes interesadas).
- **Informes y divulgaciones de los proveedores**, por ejemplo, informes de sostenibilidad, divulgaciones sobre el clima y la biodiversidad (véase el Anexo B) o en iniciativas de evaluación comparativa del sector, como las establecidas por terceros, así como informes públicos confiables. Si fuera relevante, es posible utilizar herramientas de observación de la tierra u otros proveedores de datos geoespaciales para supervisar los cambios observables en el paisaje que rodea las operaciones de un proveedor.[25]
- **Comprobación por cuestiones frecuentes en la región o zona** en la que opera un agente de la cadena de suministro (por ejemplo, si un proveedor opera en una región donde han ocurrido varios derrames como consecuencia de incidentes de transporte marítimo, que causaron daños a los ecosistemas marinos, se puede comprobar la integridad del transporte local y la logística dentro de la cadena de suministro).

Es importante señalar que las empresas siguen siendo responsables en última instancia por su propia debida diligencia bajo los estándares internacionales. Si utilizan las conclusiones u otra información de una iniciativa industrial, gubernamental o de múltiples partes interesadas para apoyar su debida diligencia las empresas deberían revisar la información para asegurarse de que es confiable, relevante y actualizada.[26]

Puntos ciegos de información

Las empresas, especialmente las más alejadas o separadas por varios eslabones de la cadena de suministro del lugar donde se sitúa el riesgo o impacto negativo, identificarán de forma natural las áreas en las que carecen de información o datos independientes para evaluar los riesgos ambientales. En algunos casos, puede que no sea posible reunir la información necesaria y, en otros, puede que una empresa no tenga los conocimientos adecuados para saber qué preguntas hacer o dónde buscar. Otro ejemplo de puntos ciegos es la información sobre cuestiones que aún no se han manifestado, por ejemplo, los impactos ambientales que pueden tener lugar tras el cierre de una mina o una planta de fundición.

En estos casos, y dependiendo del contexto, puede ser especialmente importante la colaboración con compradores conjuntos u otros proveedores, intermediarios y partes interesadas relevantes (por ejemplo, ONG locales relevantes, trabajadores o sus representantes u otras partes interesadas afectadas o potencialmente afectadas). Por ejemplo, el involucramiento con los comerciantes es importante para recopilar información sobre los riesgos asociados a las actividades de transporte y logística, a las que a menudo se presta poca atención y en las que los impactos ambientales pueden ser significativos. Los esfuerzos para aumentar la influencia sobre los proveedores o puntos de control relevantes también pueden ser importantes cuando las empresas carecen de la información necesaria (véase el análisis de la Etapa 3 más adelante).

2.3 ¿Qué tipos de condiciones pueden desencadenar la debida diligencia reforzada?

Los indicadores de riesgo potencialmente elevado pueden ser relevantes para el proceso de determinación del alcance y evaluación del riesgo de la Etapa 2 y desencadenar la aplicación de la debida diligencia reforzada. La Tabla 5 presenta ejemplos ilustrativos, no exhaustivos, de condiciones relacionadas con las actividades de extracción, transformación, fundición, reciclado o refinado que pueden justificar la debida diligencia reforzada por parte de las empresas, en función del contexto y de los resultados de su ejercicio de delimitación del alcance de la Etapa 2.

Tabla 5. Ejemplos ilustrativos de condiciones relacionadas con las actividades de extracción, transformación, fundición, reciclado o refinado (según el tipo de riesgo) que pueden justificar una debida diligencia reforzada

Tipo de riesgo ambiental	Ejemplos ilustrativos de condiciones que pueden justificar una debida diligencia reforzada
Pérdida de biodiversidad (por ejemplo, deforestación, degradación de los arrecifes de coral, pérdida de especies) y daños a las zonas protegidas.	• Operación en lugares declarados Patrimonio de la Humanidad o cerca de ellos. • Operación en o cerca de lugares sensibles, altamente valorados y protegidos, como áreas de Alto Valor de Conservación, focos de biodiversidad, Áreas Protegidas de categoría I-IV de la Unión Internacional para la Conservación de la Naturaleza (UICN), sitios Ramsar, selva tropical primaria, Reservas de la Biosfera de la Organización de las Naciones Unidas para la Educación, la Ciencia y la Cultura (UNESCO) y otras unidades de conservación efectivas basadas en áreas. • Operación en o cerca de un hábitat crítico según la definición de la Norma de Desempeño 6 (ND6) de la Corporación Financiera Internacional (CFI). • Pérdidas de biodiversidad significativa dentro de la huella directa e indirecta de las actividades (definido por los Estándares de Desempeño 1 (PS1) y 6 (PS6) de la IFC). • Deforestación o actividades mineras en zonas boscosas. • Minería marina o de los fondos marinos que no esté regulada por la Autoridad Internacional de los Fondos Marinos o las autoridades nacionales pertinentes, o cuando estudios creíbles demuestren que pueden producirse o se producirán daños irreversibles al medio marino dentro y/o más allá de los límites de la explotación minera.
Cambio climático (por ejemplo, emisiones de gases de efecto invernadero, falta de adaptación a los riesgos físicos del cambio climático)	• Operación que daña los sumideros de carbono, como los bosques con grandes reservas de carbono o las turberas. • Operación que depende únicamente o en gran medida de los combustibles fósiles para cubrir sus necesidades energéticas. • Operación que falla en establecer e implementar un plan de descarbonización y no adopta, aplica, supervisa ni reporta sobre los objetivos de mitigación a corto, medio y largo plazo en consonancia con los objetivos de temperatura global acordados internacionalmente. • Operación que conduce al bloqueo de activos intensivos en carbono. • Operación que falla en establecer e implementar un plan de adaptación al cambio climático para prepararse y responder a los impactos actuales y futuros del cambio climático.

Tipo de riesgo ambiental	Ejemplos ilustrativos de condiciones que pueden justificar una debida diligencia reforzada
Uso y eliminación inadecuados de materiales peligrosos	• Operación que utiliza mercurio en la recuperación de oro. • Operación que utiliza cianuro en la recuperación de oro fuera del régimen de gestión reconocido del Código Internacional de Gestión del Cianuro. • Reciclaje y tratamiento inadecuados de baterías de plomo-ácido usadas y otros desechos de plomo que provocan daños ambientales.
Ruido y vibraciones	• Fauna que emigra de una zona cercana a una mina debido al ruido. • Comunidades locales gravemente afectadas por el ruido
Inestabilidad física, erosión del suelo y degradación de la tierra	• Falla de taludes y escombreras a cielo abierto. • Explosión de rocas, hundimiento y formación de socavones. • Falla en las instalaciones de almacenamiento de relaves. • Falla de escombreras. • Pérdida de suelo como recurso por erosión y degradación de la calidad del suelo.
Contaminación (aire, agua, suelo)	• Operación que ha provocado una contaminación que requiere tratamiento a perpetuidad. • Emisiones de la fundición y el refinado que no son capturadas ni tratadas. • Drenaje ácido metalífero o descarga de agua de refrigeración caliente procedente de las operaciones de fundición que provocan rápidos cambios térmicos en el entorno receptor. • Vertidos incontrolados de sedimentos y productos químicos de proceso, como mercurio procedente de explotaciones mineras artesanales, en aguas superficiales o subterráneas. • Emisiones de dióxido de azufre procedentes de la tostación de concentrados de sulfuro en fundiciones de metales básicos, fluoruro procedente de fundiciones de aluminio, dibenzodioxinas policloradas procedentes especialmente de plantas de sinterización de cobre o mineral de hierro o arsénico, plomo, cadmio y mercurio procedentes de fundiciones que se asocian a impactos negativos en la calidad de la tierra y el suelo y en el ecosistema y la salud humana. • Dioxinas y furanos procedentes de la quema al aire libre de productos metálicos recubiertos de plástico, como el alambre de construcción. • Contaminación del suelo cerca de explotaciones mineras, refinerías y fundiciones por deposición de emisiones o eliminación de residuos.
Destrucción del patrimonio cultural y daños a la estética	• Operación que dañará o degradará de forma irreversible sitios del patrimonio cultural o sagrado, incluidos los sitios del Patrimonio Mundial. • Operación que puede causar temporalmente impactos negativos en lugares sagrados o restringir el acceso a dichos lugares. • Operación que ha mermado la capacidad de la comunidad local para disfrutar y beneficiarse de su entorno.
Mala gestión de los residuos	• Minería, tratamiento de minerales, fundición y refinado que generan grandes cantidades de residuos peligrosos y no peligrosos que no se eliminan de forma segura (así como subproductos comercializables como las escorias). Por ejemplo, la explotación está vertiendo residuos en aguas fluviales, lacustres o costeras.
Agotamiento del agua	• Operaciones que tienen lugar en regiones áridas y con escasez de agua. • Operaciones que pueden deteriorar la calidad del agua, degradar o limitar el acceso a los recursos naturales, en particular los utilizados por los pueblos indígenas o las comunidades locales. • Reducción del acceso al agua potable para las comunidades locales. • Estudios confiables e independientes que demuestran que el consumo de agua es insostenible en cuanto a calidad o cantidad o que limita el acceso a agua adecuada para otros usuarios del agua. • Desvío de aguas superficiales para generar energía hidroeléctrica en lugares remotos donde no se dispone de electricidad de red, lo que reduce el acceso de las comunidades locales a agua limpia.
Otros	• Operador que no dispone de un plan de cierre y reclamación para sus instalaciones (principalmente en el caso de las minas), con garantías financieras o plan desactualizado en relación con las actividades actuales. • Incumplimiento persistente y flagrante de las leyes y las regulaciones nacionales relacionados con la gestión ambiental y los resultados de rendimiento (reputación de contaminador en serie). • Indicios de corrupción en relación con la gestión ambiental y los resultados de rendimiento. • Violaciones graves a los derechos humanos en curso o no resueltas (incluidas las mediadas por impactos ambientales) relacionadas con las actividades empresariales del proveedor, incluyendo las cometidas contra los pueblos indígenas y los defensores de los derechos ambientales y humanos. • Falta de información, o información de mala calidad o poco accesible, sobre incidentes e impactos ambientales. • Pruebas de greenwashing por parte del operador. • No divulgación de las conclusiones y recomendaciones de la evaluación de impacto ambiental. • Impacto potencial sobre los pueblos indígenas. • Falta de involucramiento significativo con las comunidades.

Tipo de riesgo ambiental	Ejemplos ilustrativos de condiciones que pueden justificar una debida diligencia reforzada
	• Falta de consentimiento de los pueblos indígenas o comunidades para su reasentamiento involuntario fuera de sus territorios tradicionales y recursos naturales.

1. Las empresas que operan en los límites de lugares protegidos, o que tienen áreas protegidas dentro de su zona de influencia, pueden tener enormes impactos en las áreas protegidas, y por lo tanto también pueden justificar una debida diligencia reforzada.
2. Véase el Anexo II de la Guía de Debida Diligencia de la OCDE para cadenas de suministro responsables de minerales en las áreas de conflicto o alto riesgo (OECD, 2016[24]) para obtener información más detallada sobre violaciones graves a los derechos humanos.

2.4 ¿Qué riesgos e impactos ambientales específicos puede presentar el abastecimiento a partir de fuentes secundarias?

Aunque ofrecen la oportunidad de evitar los daños ambientales relacionados con la minería y al procesamiento de minerales, los materiales secundarios no están exentos de riesgos e impactos negativos y presentan desafíos únicos cuando se realiza la debida diligencia en la cadena de suministro. Por ejemplo, se han documentado impactos negativos sobre las personas y la naturaleza en el reciclaje de baterías de plomo-ácido (Lead Recycling Africa Project, 2016[25]) y en el reciclaje de productos electrónicos (UNEP, 2022[26]; UNEP, n.d.[27]).

Los riesgos asociados a una mala gestión del reciclado incluyen:

- Contaminación del aire, el suelo y el agua, impactos relacionados con la salud humana y la bioacumulación de metales pesados en las cadenas alimentarias.
- Exposición de los trabajadores a materiales peligrosos e impactos relacionados a la salud.
- Recuperación y eliminación incompleta de las sustancias peligrosas durante el reciclado, provocando la contaminación de los productos fabricados con material reciclado.
- Uso adicional del suelo y ocupación por vertederos (informales) de restos de materiales reciclados incompletos.

Se requiere un cuidado especial cuando se obtienen materiales secundarios de cadenas de suministro opacas, es decir, cuando la fuente del material secundario es incierta. En el caso de algunos metales, como el oro, si el metal reciclado no se somete a la debida diligencia, puede permitir el blanqueo de materiales extraídos de forma perjudicial e ilícita, incluidos los que contribuyen a graves cuestiones ambientales, así como a conflictos y violaciones a los derechos humanos. Las empresas que se abastecen de metal reciclado pueden, como primer paso, verificar que sea realmente reciclado, y no material extraído parcialmente procesado que se hace pasar por reciclado.

El siguiente paso consiste en conocer el perfil de riesgo de los distintos minerales (por ejemplo, qué sustancias químicas se utilizan para su extracción, qué emisiones se producen durante el proceso de reciclado, si suelen procesarse junto con otros materiales que puedan causar daños ambientales). Como parte de un enfoque basado en el riesgo, las empresas también pueden tener que determinar dónde tiene lugar el reciclado, ya que la ubicación puede influir significativamente en los riesgos. Las empresas deberían completar una evaluación de riesgos amplia de las fuentes de suministro del reciclador, identificar cualquier condición que pueda justificar una debida diligencia reforzada cuando fuese necesario. En muchos casos, los impactos negativos de los materiales secundarios pueden ser puntos ciegos, y las empresas pueden tener que adaptar su enfoque de debida diligencia para identificarlos y estudiar cómo abordarlos (véase la respuesta a la pregunta 2.2 sobre los tipos de fuentes de información y herramientas que pueden utilizar las empresas para realizar evaluaciones en profundidad de los proveedores prioritarios sobre los riesgos e impactos ambientales).

2.5 A la hora de identificar y evaluar los impactos climáticos, ¿con qué herramientas y recursos cuentan las empresas para evaluar los focos de gases de efecto invernadero (GEI) en la cadena de suministro?

La identificación y evaluación de las emisiones en función del riesgo es el primer paso, y el más importante, para fijar objetivos de reducción de emisiones y mitigar los GEI. El Protocolo de GEI clasifica las emisiones de una empresa en tres alcances:

- Alcance 1 - emisiones directas de GEI que proceden de fuentes que son propiedad de la entidad informante o están bajo su control, como las emisiones de los equipos de producción y transporte que son propiedad de la entidad.
- Alcance 2: emisiones indirectas de GEI asociadas con la producción de electricidad, calor o vapor adquiridos por la entidad informante.
- Alcance 3: todas las demás emisiones indirectas (por ejemplo, las asociadas a la producción de materiales, combustibles y servicios adquiridos, incluyendo el transporte en vehículos que no son propiedad de la entidad informante ni están bajo su control, y las actividades subcontratadas).

Las empresas deberían evaluar sus emisiones de gases de efecto invernadero de Alcance 1, 2 y, en la medida de lo posible sobre la base de la mejor información disponible, de Alcance 3, con el fin de identificar dónde se encuentran sus impactos más graves y probables. En muchos casos, la trituración del mineral y la fase de procesamiento químico de las cadenas de suministro de minerales (es decir, el refinado y la fundición) son puntos crítico de emisiones de GEI debido a sus fuentes de energía y al uso de productos químicos. Es importante evaluar las emisiones en función de la evidencia científicas más reciente disponible y a medida que se desarrollan y actualizan las diferentes vías de transición nacionales o específicas de la industria. Es crucial recopilar información sobre las emisiones de los proveedores situados en niveles superiores de la cadena de suministro para poder integrarla en la evaluación de Alcance 3.

Algunos marcos útiles para informar sobre los gases de efecto invernadero en las empresas incluyen el Estándar de GEI para el Acero Responsable y el método de cálculo de la huella ambiental de la Unión Europea. Otros marcos útiles para identificar la huella de carbono de los productos (y no de una empresa) son el Battery Passport GHG Rulebook de la Global Battery Alliance (en desarrollo), la International Zinc Association Carbon Footprint Guidance for Zinc Production (en desarrollo), los Criterios Técnicos RE100, La Guía para el Alcance 2 del Protocolo de GEI y las ISO 14040, 14044 y 14067. Protocolo de GEI, el Estándar de GEI para el Acero Responsable y el método de cálculo de la huella ambiental de la Unión Europea. Otros marcos útiles para identificar la huella de carbono de los productos (y no de una empresa) son el Battery Passport GHG Rulebook de la Global Battery Alliance (en desarrollo), la International Zinc Association Carbon Footprint Guidance for Zinc Production (en desarrollo), los Criterios Técnicos RE100, La Guía para el Alcance 2 del Protocolo de GI y las ISO 14040, 14044 y 14067.

2.6 ¿Cómo evaluar el involucramiento de la MAPE con impactos ambientales negativos reales o potenciales?

Al abastecerse de la MAPE, las siguientes preguntas pueden proporcionar un marco útil para abordar las evaluaciones de riesgos ambientales sobre cuestiones ambientales prioritarias. Para responder a las siguientes preguntas, es posible que una empresa desee trabajar en colaboración con otros agentes que también se abastecen directa o indirectamente de la región. Como se ha mencionado al principio de este capítulo, la pertinencia de estas preguntas variará en función de la posición de la empresa en la cadena de suministro y de su vínculo con el riesgo en cuestión. Véase también la Figura 1.

Perfil general de riesgo:

- ¿Qué es la minería MAPE? ¿Cómo funciona la producción? ¿Alguna parte del proceso es mecanizada?
- ¿Qué tan conscientes de los riesgos están los propietarios, los líderes y los trabajadores? ¿Cómo y qué tan bien están controlando los riesgos los mineros actualmente? ¿Qué incentivos existen actualmente para gestionar y minimizar los riesgos? ¿Cuáles son los obstáculos para controlar los riesgos (en general, y específicamente los ambientales)? ¿Qué sería necesario cambiar para mejorar esta situación?
- ¿La organización forma parte de algún programa gubernamental o comunitario de desarrollo sostenible para abordar cuestiones ambientales o de derechos humanos, o cuenta con la asistencia de alguna organización de apoyo local?
- ¿Qué sucedería con los mineros y sus familias si no pudieran extraer o vender su producto en las cadenas de suministro formales? ¿Qué más podrían hacer/ harían y qué repercusiones tendrían esas actividades?

Impactos ambientales:

- ¿Dónde se lleva a cabo la explotación minera? ¿Cuál es la sensibilidad ecológica del lugar? ¿Cuál es su estado de conservación?
- ¿Cómo se lleva a cabo la extracción y el tratamiento, y cómo se gestionan los residuos? ¿Se utilizan explosivos, combustible y productos químicos?
- ¿Existe una Ficha de Datos de Seguridad para el material?[27] ¿La Ficha de Datos de Seguridad está actualizada (no tiene más de 5 años)?
- ¿Dónde y cómo viven los mineros durante su actividad? Considerar los impactos a la vivienda, el sustento, el transporte entre el hogar y la mina, por ejemplo, la dependencia de los mineros de la carne de animales silvestres para obtener proteínas, la tala de árboles para obtener soportes y herramientas, etc.
- ¿Cómo estimula la presencia de los mineros a que otros actúen de manera que repercutan en el ecosistema? Estímulos económicos a través de la sensibilización o el acceso a lugares antes remotos, por ejemplo, agricultores, cazadores, leñadores que utilizan senderos para penetrar en zonas salvajes y explotar recursos naturales, etc.
- ¿Cómo se transporta el material hasta los clientes? ¿Existen organismos o entornos (receptores) que puedan verse afectados negativamente por el material o su transporte?

Donde los impactos ambientales son acumulativos por su naturaleza:

- ¿Existe un riesgo de bioacumulación[28] o un efecto de toxicidad crónica[29] indicado en la Ficha de Datos de Seguridad para el material?
- ¿Cuántas otras organizaciones de MAPE operan en la zona?
- ¿Cuál es la población total de MAPE en la zona?
- Si es posible determinarlo a lo largo del tiempo, ¿qué capacidad tiene su proveedor para cumplir las expectativas de debida diligencia (por ejemplo, en términos de competencia organizativa, concienciación ambiental, naturaleza de los impactos negativos, calidad de la gestión de riesgos)?
- ¿Qué otras actividades económicas existen que puedan ampliar, profundizar o magnificar los impactos directos e indirectos de su proveedor?
- ¿Qué relaciones existen entre su proveedor y estos otros actores que podrían aprovecharse para organizar un enfoque más integral de gestión del riesgo?[30] ¿Qué relaciones existen entre usted y otras partes interesadas para explorar la posibilidad de ejercer una influencia colectiva para abordar las cuestiones a nivel de paisaje?

Cierre de minas y explotación posterior: [31]

- ¿Cuáles son los requerimientos legales y en qué medida se cumplen?
- ¿Qué plan se ha establecido, en su caso, para evitar daños a la tierra como resultado de la MAPE posterior al cierre? ¿Qué enfoque se utiliza o se utilizará para rehabilitar o restaurar las tierras degradadas por la MAPE? ¿Quién es responsable de ello y hasta qué punto es realista que el cierre se lleve a cabo en su totalidad o de manera adecuada? ¿Es este enfoque económicamente factible, socialmente aceptable y ecológicamente viable?
- ¿Quién tiene responsabilidades en el cierre de una mina en actividad? ¿Y en el monitoreo y el mantenimiento tras el cierre? ¿Cómo están involucrados los mineros, los propietarios de las tierras, las comunidades y las autoridades locales en las fases de cierre y posteriores al cierre?
- ¿Cuál es el propósito final previsto para las tierras cerradas (por ejemplo, silvicultura, agricultura, bosque natural, etc.)? ¿Cómo se rinde cuentas de la sostenibilidad económica, social y ambiental, incluida la contribución directa o indirecta al desarrollo de la naturaleza?

Paso 3: Detener, prevenir y mitigar los impactos negativos

¿Qué dice la Guía de CER?

- Detener (cesar) las actividades que causen o contribuyan a causar impactos ambientales negativos.
- Desarrollar y aplicar planes para prevenir o mitigar los impactos ambientales negativos reales o potenciales.
- Las respuestas apropiadas a los riesgos e impactos asociados a las relaciones comerciales pueden incluir:
  - crear y utilizar su influencia, en la medida de lo posible, para impulsar la(s) relación(es) comercial(es) con el fin de prevenir o mitigar los impactos o los riesgos negativos;
  - continuación de la relación durante el transcurso de los esfuerzos de mitigación de riesgos;
  - suspensión temporal de la relación mientras se persigue la mitigación de riesgos en curso; o
  - desvinculación de la relación comercial tras intentos fallidos ya sea de prevenir o mitigar impactos graves, cuando los impactos negativos son irreparables, cuando no hay perspectivas razonables de cambio, o cuando se identifican impactos o riesgos graves y la empresa causante del impacto no toma medidas inmediatas para prevenirlos o mitigarlos. Fundamentalmente, **la desvinculación es una medida de último recurso**. Una decisión de desvinculación debería considerar los posibles impactos sociales y económicos negativos y debe ser realizada de manera responsable.[32]

¿Qué otras recomendaciones específicas contiene la Guía de Minerales?

- PARA LAS EMPRESAS SITUADAS EN NIVELES SUPERIORES DE LA CADENA DE SUMINISTRO: Identificar y realizar un seguimiento sobre cuáles son los proveedores que responden a las solicitudes de información y cuáles no. Hacer un seguimiento de los proveedores y establecer planes de acción correctiva. Escalar a la alta gerencia los casos de proveedores poco dispuestos a colaborar.
- PARA LAS EMPRESAS SITUADAS EN NIVELES INFERIORES DE LA CADENA DE SUMINISTRO: Si no se puede identificar el punto de transformación del mineral, adoptar un plan de gestión de riesgos para poder demostrar, eventualmente, mejoras significativas medibles en sus esfuerzos por conseguirlo. Si se puede identificar el punto de transformación, trabajar con los proveedores para establecer acciones medibles de mitigación de riesgos destinadas a promover mejoras progresivas en el desempeño dentro de un plazo razonable.

Preguntas clave sobre cómo integrar las consideraciones de riesgo ambiental en esta Etapa:

- 3.1 ¿Cómo podría una empresa evaluar su relación con los riesgos ambientales identificados y los impactos negativos de la cadena de suministro?
- 3.2 ¿Qué medidas podrían adoptar las empresas para abordar los daños identificados en la cadena de suministro? ¿Cómo podrían las empresas utilizar su influencia?
- 3.3 ¿Qué tipo de medidas de prevención y mitigación podrían razonablemente esperar las empresas de los proveedores que causan o contribuyen a causar impactos ambientales significativos?
- 3.4 ¿Cómo afecta la interacción entre el medio ambiente y los derechos humanos a la actuación de las empresas para detener, prevenir y mitigar los impactos ambientales negativos?

3.1 ¿Cómo puede una empresa evaluar su relación con los riesgos ambientales y los impactos negativos identificados en la cadena de suministro?

El involucramiento o relación de una entidad con los impactos en la cadena de suministro es importante porque determina dónde recae la responsabilidad principal de abordar el impacto y cómo se espera que la empresa responda (véase la Figura 4). La relación de una empresa con los impactos negativos no es estática. Puede cambiar, por ejemplo, a medida que evolucionan las situaciones y en función del grado en que la debida diligencia y las medidas adoptadas para abordar los riesgos e impactos identificados disminuyan el riesgo de que se produzcan. Véase más adelante el análisis de la Etapa 3.

Figura 4. Cómo abordar los impactos negativos

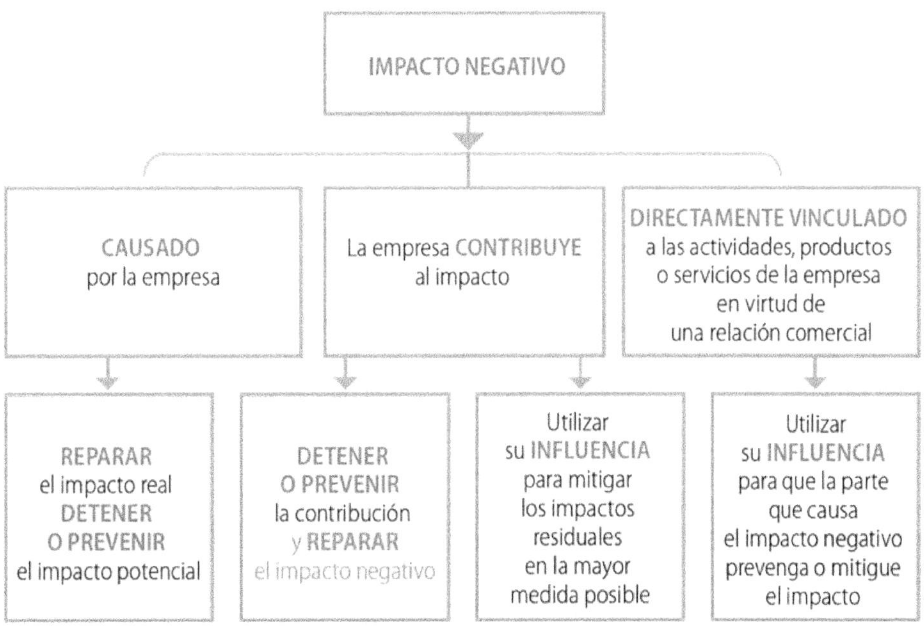

Fuente: OECD (2018[15]), Guía de la OCDE de Debía Diligencia para una Conducta Empresarial Responsable, https://mneguidelines.oecd.org/Guia-de-la-OCDE-de-debida-diligencia-para-una-conducta-empresarial-responsable.pdf.

Una empresa "*causa*" un impacto ambiental negativo si sus actividades por sí solas son suficientes para provocar el impacto negativo. Una empresa "*contribuye a*" un impacto ambiental negativo si sus actividades, en combinación con las actividades de otras partes, causan el impacto, o si las actividades de la empresa causan, facilitan o incentivan a otra parte para que cause un impacto negativo. Los impactos ambientales negativos también pueden estar *vinculados directamente* a las actividades, productos o servicios de una empresa por una relación comercial, aunque no contribuyan a esos impactos.

3.2 ¿Qué medidas pueden adoptar las empresas para abordar los daños identificados en la cadena de suministro? ¿Cómo pueden utilizar su influencia?

El enfoque de la debida diligencia basado en el riesgo es también parte integral de la implementación de la Etapa 3. Dado que a menudo las empresas no podrán identificar o responder simultáneamente a todos los riesgos e impactos negativos asociados a sus proveedores, podrán priorizar los riesgos e impactos específicos en función de su gravedad[33] y probabilidad. Cuando hubieran abordado los impactos prioritarios, deberían pasar a tratar los impactos menos graves. Los mismos principios se aplican a la forma en que sus proveedores deberían, a su vez, priorizar los riesgos e impactos para la acción.

Como se menciona en la Etapa 2, la relación de la empresa con un riesgo o impacto identificado determina la responsabilidad que tiene para abordar el impacto. Por ejemplo, cuando las empresas identifiquen que causan o contribuyen a causar (o pueden causar o contribuir a causar) riesgos o impactos ambientales, se enfrentan a mayores responsabilidades, incluida la de cesar la actividad que contribuye al daño y contribuir a su reparación en virtud de la Etapa 6 (véase la Figura 4). También se espera que adopten medidas de prevención y mitigación, entre otras cosas, *utilizando y ejerciendo influencia* sobre otras partes que causen daños. Cuando las empresas identifiquen que están directamente vinculadas a un impacto, se espera que traten de prevenirlo y mitigarlo, incluso mediante *el uso y el desarrollo de influencia* (véase también "Qué dice la Guía de CER", más arriba).

El uso de la influencia de los proveedores se entiende en sentido amplio y abarca incentivar, apoyar y efectuar cualquier cambio en el comportamiento de una relación comercial (o de otra parte causante del daño). La forma en que una empresa decida apoyar, incentivar o ejercer influencia sobre una relación comercial concreta dependerá del contexto, incluida la naturaleza de su relación, el grado de influencia que tenga, la naturaleza del riesgo o impacto y la capacidad del proveedor para prevenir, mitigar o reparar el impacto.

Las empresas pueden considerar adaptar las prácticas de compra y los modelos de negocios o de utilizar la influencia sobre sus proveedores de varias maneras, por ejemplo:

- **Utilizando políticas empresariales o códigos de conducta, contratos, acuerdos escritos o el poder del mercado**. Incluir expectativas en materia de CER y de debida diligencia específicamente en los contratos comerciales y vincular los incentivos empresariales -como el compromiso de contratos a largo plazo y pedidos futuros- con los resultados en materia de CER. Comunicar claramente las consecuencias si no se respetan las expectativas en materia de CER (por ejemplo, mediante una reunión con el área gerencial de la relación comercial).
- **Apoyar a los proveedores o colaborar con ellos en el desarrollo de planes adecuados a su propósito** para que puedan prevenir o mitigar los impactos ambientales negativos (por ejemplo, planes de transición a cero emisiones netas). En los casos en que los proveedores puedan necesitar orientación, capacitación o apoyo sobre cómo gestionar los riesgos y evitar que se produzcan impactos y para abordar los obstáculos o desafíos, las empresas pueden asistir a los proveedores en la revisión de los controles de riesgos ambientales existentes, la identificación de lagunas y la puesta en marcha de un plan de acciones correctivas. Los proveedores también pueden necesitar apoyo y orientación sobre cómo identificar si se ha producido o no un daño o si éste puede ser inminente.

- **Apoyar a los proveedores en la prevención o mitigación de los impactos negativos o los riesgos,** por ejemplo, mediante la capacitación, la mejora de las instalaciones o el fortalecimiento de sus sistemas de gestión: cuando se abastezcan de MAPE, las empresas podrían trabajar en colaboración con la cooperativa de la MAPE o con una ONG especializada que facilite la cooperación con la MAPE, los representantes de la comunidad, el gobierno local o las iniciativas de MAPE con múltiples partes interesadas para ayudar a la entidad de MAPE a gestionar mejor sus planes de acciones correctivas ambientales. Un recurso útil para la formalización de la MAPE es el Código para la Mitigación de Riesgos en la Minería Artesanal y de Pequeña Escala que participa en el Comercio Formal (Código CRAFT), que es una herramienta de código abierto para la MAPE y las empresas que puedan abastecerse del sector y que establece requisitos progresivos para la MAPE. Garantizar que las actividades de prevención y mitigación sean adecuadas requiere la colaboración de las partes interesadas locales. Para apoyar la prevención y mitigación más sistémicas de los impactos ambientales a largo plazo, las empresas de la cadena de suministro pueden desempeñar un papel importante en el apoyo a la capacitación de las ONG ambientales locales y las organizaciones de la sociedad civil que trabajan en colaboración con el gobierno y las empresas, así como con las autoridades locales encargadas de hacer cumplir la ley.
- **Rediseño de productos para permitir la sustitución de materiales o el uso de materiales secundarios.** Algunos minerales son sustituibles dentro de un producto. Es posible que las empresas situadas en niveles inferiores de la cadena de suministro deseen tomar decisiones de diseño de productos basadas en el desempeño ambiental relativo de los materiales candidatos, como la huella de carbono relativa, la huella hídrica, la dependencia de la extracción en bosques o ecosistemas sensibles, la toxicidad de los residuos y la eficiencia de la producción. Un análisis completo del ciclo de vida (de la cuna a la tumba) puede ayudar a las empresas a tomar decisiones sobre la sustitución de materiales, que pueden afectar al desempeño ambiental del producto en sus fases de uso y fin del ciclo de vida.
- **Las cadenas de suministro y las asociaciones público-privadas** son una de las formas en que las empresas grandes y pequeñas pueden trabajar juntas para generar influencia, compartir recursos y llevar a cabo una debida diligencia más eficiente, especialmente cuando lo hacen de forma visible y con la ambición de liderar el sector. Por ejemplo, el Acuerdo sobre Metales de los Países Bajos utiliza evaluaciones de riesgos individuales de las empresas para elaborar un “mapa de calor” colectivo que muestre los riesgos del sector (SER, n.d.[28]). Estas evaluaciones de riesgos individuales de las empresas se envían al Secretariado del Acuerdo que recopila y anonimiza la información para elaborar el mapa de calor.
- **Otros tipos de iniciativas de múltiples partes interesadas, lideradas por la industria o dirigidas por los gobiernos**, pueden ser una herramienta para mejorar la colaboración entre los diversos actores de la industria y sus partes interesadas, incluso mediante la realización de declaraciones conjuntas para crear conciencia sobre preocupaciones ambientales específicas. Utilizar una voz colectiva también puede ser útil para crear de forma conjunta soluciones que hagan que la debida diligencia ambiental sea más factible, más eficaz y, por tanto, más probable. También existen muchas iniciativas del sector que buscan desarrollar programas globales para evaluar, auditar y mejorar las prácticas de sostenibilidad dentro de las cadenas de suministro del sector.

Puede haber una considerable variabilidad en la capacidad de las empresas para ejercer su influencia sobre los proveedores y, a su vez, en la capacidad de sus proveedores para utilizar su influencia sobre sus subproveedores. Cuando una empresa carece de influencia, se espera que pueda aumentarla en la medida de lo posible, por ejemplo, modificando los incentivos comerciales, colaborando con sus pares del sector, estableciendo relaciones a más largo plazo con los proveedores o participando en iniciativas sectoriales de múltiples partes interesadas o gubernamentales.

Cuando se abastecen de grandes refinerías, fundiciones, recicladores o mineros, las empresas y los puntos de control situados en niveles inferiores de la cadena de suministro, como fundiciones o refinerías, pueden prestar especial atención a las capacidades, la influencia y los recursos que el proveedor puede tener para aplicar medidas correctivas y utilizar su influencia en el mercado en consecuencia. Comprender si el proveedor participa o es evaluado por iniciativas multilaterales o de múltiples partes interesadas, por ejemplo, puede orientar al comprador sobre la influencia que puede ejercer, por un lado (pérdida de acceso a los mercados por su condición de miembro) y qué otros recursos o apoyo pueden estar disponibles a través de la asociación (servicios a los miembros). Además de establecer estándares para las empresas, muchas iniciativas ofrecen herramientas, capacitación u oportunidades de aprendizaje entre pares para miembros y proveedores sobre retos específicos.

Recuadro 6. Comprender y cumplir un creciente corpus normativo que apoya los Derechos de la Naturaleza

Los servicios de los ecosistemas[34] tienden a estar más protegidos por la ley que los valores intrínsecos de la naturaleza que son independientes de los usos humanos. Sin embargo, las jurisdicciones protegen cada vez más el valor de la naturaleza mediante leyes de "derechos de la naturaleza" (UN, 2022[29]) y un número creciente de gobiernos nacionales y subnacionales y sus tribunales han reconocido en los últimos años la personalidad jurídica de la naturaleza.

Si un proveedor se abastece en una jurisdicción que reconoce los derechos de la naturaleza, trabaje con el proveedor para identificar qué procesos adicionales de gestión de riesgos ha tenido que adoptar para cumplir con sus responsabilidades a este respecto. Si un proveedor no se abastece de una procedencia que haya reconocido los derechos de la naturaleza, determine si estaría en consonancia con los valores de su empresa alentar a los proveedores a introducir medidas que vayan más allá de considerar cómo el daño al medio ambiente puede manifestarse como daño a las personas, sino también a la naturaleza.

3.3 ¿Qué tipo de medidas de prevención y mitigación pueden razonablemente esperar las empresas de los proveedores que causan o contribuyen a causar impactos ambientales significativos?

Las medidas de prevención y mitigación que resulten adecuadas y proporcionadas en una situación concreta dependerán de una serie de factores, como la naturaleza, gravedad y probabilidad de la cuestión ambiental en consideración, la participación del proveedor en el impacto y, cuando contribuya a un impacto, el grado de influencia que tenga sobre otros proveedores o entidades causantes del daño. La Tabla 6 ofrece ejemplos de posibles acciones de prevención y mitigación que los proveedores pueden poner en marcha cuando hayan causado o contribuido a causar impactos ambientales significativos.

Tabla 6. Ejemplos de posibles actividades de prevención y mitigación de riesgos ambientales por parte de los proveedores

Cuestión Ambiental	Posibles acciones de prevención y mitigación correspondientes
Pérdida de biodiversidad (por ejemplo, deforestación, degradación de los arrecifes de coral, pérdida de especies) y daños a zonas protegidas	De acuerdo con el Convenio sobre la Diversidad Biológica (UN, 1992[30])los proveedores pueden contribuir a la conservación de la diversidad biológica, al uso sostenible de sus componentes y al reparto justo y equitativo de los beneficios derivados de la utilización de los recursos naturales. Los proveedores también pueden evitar y abordar la degradación de la tierra, el mar y el agua dulce, incluida la deforestación, en consonancia con los objetivos de los ODS de las Naciones Unidas, en particular el 15.2, el Plan

Cuestión Ambiental	Posibles acciones de prevención y mitigación correspondientes
	Estratégico de las Naciones Unidas para los Bosques 2017-2030 y la Declaración de los Líderes de Glasgow sobre los Bosques y el Uso de la Tierra de 2021, cuyo objetivo es detener e invertir la pérdida de bosques y la degradación de la tierra para 2030. Los proveedores deberían prevenir y mitigar los impactos negativos sobre la biodiversidad en los parques nacionales, reservas y otras áreas protegidas, incluidos los sitios del Patrimonio Mundial Natural de la UNESCO, las áreas protegidas en cumplimiento del Convenio sobre la Diversidad Biológica, y según lo definido en la legislación nacional, así como sobre las especies protegidas. Ello puede incluir la prohibición de nuevas actividades de exploración, minería, fundición, refinado o reciclado en las zonas mencionadas, así como el cierre responsable desde el punto de vista ambiental de las operaciones de exploración, minería, fundición, refinado o reciclado existentes. **Acciones de prevención** • Los proveedores pueden garantizar que la ESIA y la ESMP se lleven a cabo de acuerdo con los estándares internacionales. • Cuando proceda, los proveedores pueden desarrollar un plan de acción detallado sobre biodiversidad para integrarlo en los planes de gestión. • Los proveedores pueden consultar la guía de la IFC para PS6 (IFC, 2012[31]) para asegurarse: o Que no existen otras alternativas viables dentro de la región para el desarrollo del proyecto en hábitats modificados o naturales que no sean críticos. o Que el proyecto o las actividades extractivas no provocan impactos negativos mensurables en los valores de biodiversidad para los que se designó el hábitat crítico, ni en los procesos ecológicos que sustentan dichos valores de biodiversidad. o Que el proyecto o las actividades extractivas no provocan impactos negativos mensurables en los valores de biodiversidad para los que se designó el hábitat crítico, ni en los procesos ecológicos que sustentan dichos valores de biodiversidad. o Que el proyecto no conduce a una reducción neta de la población global y/o nacional/regional de ninguna especie en peligro crítico o en peligro de extinción en un periodo de tiempo razonable. o Que se integre en el programa de gestión de proveedores un programa de seguimiento y evaluación de la biodiversidad sólido, adecuadamente diseñado y a largo plazo. o Que cuando se cumplan estos requisitos, la estrategia de mitigación del proyecto se describirá en un plan de acción sobre biodiversidad integrado en los planes de gestión, y se diseñará para lograr ganancias netas de aquellos valores de biodiversidad para los que se designó el hábitat crítico. • Los proveedores y las empresas situadas en niveles inferiores de la cadena de suministro podrán utilizar herramientas de observación de la tierra para supervisar los cambios en el uso del suelo • En el contexto de la minería de aguas profundas, los proveedores pueden considerar: o comprometerse a no explorar, extraer o invertir en la explotación minera de lugares de aguas profundas donde se produzcan daños irreversibles. o realizar estudios científicos para confirmar que los impactos pueden mitigarse, utilizando medidas realistas y que son reversibles. o obtener confirmación independiente de que la gobernanza y la supervisión de las actividades mineras en aguas profundas se ajustarán a las buenas prácticas internacionales. **Medidas de mitigación** • Cesar inmediatamente las actividades ilegales. • Rehabilitar y restaurar las zonas afectadas. • Supervisar, cuantificar y divulgar los resultados de la gestión. • Los esfuerzos para prevenir o mitigar los impactos negativos sobre la biodiversidad deberían guiarse por la jerarquía de mitigación de la biodiversidad, que recomienda, en primer lugar, tratar de evitar los daños a la biodiversidad, reducirlos o minimizarlos cuando no sea posible evitarlos, y utilizar las compensaciones y la restauración como último recurso para los impactos negativos que no puedan evitarse. Las empresas pueden planificar y aplicar compensaciones de biodiversidad para hacer frente a cualquier impacto residual que no pueda evitarse y ofrecer una pérdida neta cero de biodiversidad y servicios ecosistémicos (incluido el almacenamiento de carbono) (OECD, 2016[32]). • Considerar la posibilidad de aplicar el Estándar y las Directrices Bolt-on Forest-Smart ASM del Banco Mundial para el abastecimiento de la MAPE en paisajes forestales (World Bank, 2019[33]; World Bank, 2021[34]) y la Guía Forest Smart Mining del Banco Mundial para aplicar soluciones basadas en la naturaleza en el sector de la minería a gran escala (World Bank, 2022[35]).
Cambio climático (por ejemplo, emisiones de gases de efecto invernadero, falta de adaptación a los riesgos físicos del cambio climático).	Los proveedores deberían dar prioridad a la eliminación o reducción de las fuentes de emisiones frente a las medidas de compensación o neutralización. **Acciones de prevención** • Cesar inmediatamente la expansión de cualquier nueva operación en sumideros de carbono[1] como bosques con altas reservas de carbono o turberas.

Cuestión Ambiental	Posibles acciones de prevención y mitigación correspondientes
	• Establecer y aplicar un plan de descarbonización en consonancia con los objetivos de temperatura global acordados internacionalmente y las mejores prácticas, y adoptar, aplicar, supervisar e informar sobre los objetivos de mitigación a corto, medio y largo plazo para garantizar la credibilidad y evitar el lavado verde. • Establecer y aplicar un plan de adaptación al cambio climático para limitar los impactos negativos de sus operaciones asociados a los impactos actuales y futuros del cambio climático. **Acciones de mitigación** • Los créditos de carbono o las compensaciones pueden considerarse un último recurso para hacer frente a las emisiones no reducidas. Los créditos o compensaciones de carbono deberían ser de alta integridad ambiental y no deberían desviar la atención de la necesidad de reducir las emisiones ni contribuir a evitar el bloqueo de procesos e infraestructuras intensivos en gases de efecto invernadero (GEI).
Uso inadecuado y eliminación de materiales peligrosos	La sustitución de determinados productos químicos y materiales utilizados a lo largo de la cadena de suministro puede dar lugar a mejoras del comportamiento ambiental. La sustitución o las alternativas pueden adoptarse en función de sus riesgos ambientales comparativos, incluido el impacto sobre el clima y la circularidad, el análisis del ciclo de vida y las consideraciones de las partes interesadas. **Acciones de prevención** • Las operaciones auríferas sólo pueden utilizar cianuro cuando el operador esté certificado por el Código Internacional de Gestión del Cianuro Code (The Cyanide Code, n.d.[36]) **Acciones de mitigación** • Las operaciones auríferas pueden demostrar avances hacia la gestión y eventual eliminación del uso de mercurio mediante su recuperación y reutilización. • Las operaciones auríferas también pueden participar en un programa nacional o local para aplicar el Convenio de Minamata (UN, 2013[37]) (en el caso de la MAPE) y aplicar medidas de reducción de las emisiones de mercurio en consonancia con la Norma sobre Mercurio de la EPA estadounidense (US EPA, n.d.[38]) (en el caso de los mineros a gran escala).
Ruido y vibraciones	El ruido y las vibraciones puede ser prevenidas o mitigadas mediante: • El establecimiento de planes de gestión del ruido y las vibraciones. • La instalación de sistemas de protección contra el ruido. • Una mejor planificación y diseño de las actividades de voladura. • EL aislamiento acústico de equipos e instalaciones. • La supervisión de las emisiones de ruido es un requisito previo para la gestión sistemática (EC Joint Research Center, 2021[39]).
Inestabilidad física y química	Garantizar la estabilidad física y química de todas las instalaciones de residuos mineros son los principales objetivos a largo plazo de la gestión de residuos mineros para garantizar la seguridad de los trabajadores y del público, así como para evitar la lixiviación de contaminantes a largo plazo en el medio ambiente. (IGF, 2021[40]) La estabilidad física de las minas puede abordarse mediante: • El rellenado de los vacíos excavados con material estabilizado. • La supervisión de la estabilidad física y química es un requisito previo para la gestión sistemática (EC Joint Research Center, 2021[39]).
Contaminación (aire, agua, suelo)	Las actividades para prevenir y mitigar la contaminación pueden incluir: • Modificar el diseño de las instalaciones para eliminar la contaminación y la necesidad de tratamiento de la contaminación más allá del período de seguimiento posterior al cierre. • Reducir las emisiones en origen (en la medida de lo posible en función de las limitaciones técnicas). • Aplicar medidas que controlen las emisiones relacionadas con el tratamiento secundario. • Trabajar para la aplicación de medidas adecuadas de salud y seguridad. • Aplicar medidas para capturar y tratar las emisiones que no puedan evitarse.
Erosión del suelo y degradación de la tierra	La erosión del suelo y la degradación de la tierra pueden prevenirse o reducirse mediante: • Establecimiento de planes de control de la erosión y los sedimentos. • Gestión del suelo. • Medidas de conservación del suelo (EC Joint Research Center, 2021[39]) • Gestión de la escorrentía con vallas de control y balsas de decantación (IGF, 2021[40])
Destrucción del patrimonio cultural y daños a la estética	Las actividades para prevenir y mitigar los daños a los sitios del patrimonio cultural y a la estética natural pueden incluir: • Realizar una ESIA y un ESMP conforme a los estándares internacionales. • Elaborar un plan detallado para evitar daños a los sitios del patrimonio cultural. • Anticipar que los pueblos indígenas pueden esperar que se les consulte para obtener su consentimiento libre, previo e informado (CLPI) y que pueden generarse riesgos si no se cumplen tales expectativas. • Trabajar para que no se realicen más actividades de exploración, minería, fundición, refinado o reciclaje en lugares sagrados o que degraden irreversiblemente dichos lugares. • Desarrollar programas de compensación inclusivos en consulta con las partes interesadas afectadas.
Mala gestión de los residuos	Las actividades para garantizar una gestión ambiental responsable de los residuos pueden incluir: • Trabajar para reducir y eliminar el vertido de residuos.

Cuestión Ambiental	Posibles acciones de prevención y mitigación correspondientes
	• Reparar los impactos negativos derivados de la eliminación de estériles en el pasado. • Cumplir los requisitos del Estándar Global de Gestión de Relaves para la Industria Minera (Estándar global para la gestión de relaves) para los emplazamientos que generen más de un determinado umbral de relaves al año. (Global Industry Standard on Tailings Management, 2020[41])
Agotamiento del agua	Las acciones para prevenir y mitigar el agotamiento del agua pueden incluir: • Realizar una ESIA y un ESMP conforme a los estándares internacionales. • Modificar el diseño de las instalaciones para aplicar enfoques de circuito cerrado que reduzcan el consumo de agua y aumenten su reciclaje y reutilización. • Participación de los proveedores de zonas con escasez de agua en asociaciones público-privadas para gestionar los recursos hídricos de forma sostenible. • Prohibir las actividades que agoten el agua cuando exista un alto riesgo de contribuir a la escasez de agua/disminución del suministro de agua a las ciudades/poblaciones. • Crear nuevos recursos y/o accesos para garantizar que no se produzcan cambios netos en la disponibilidad y calidad de los recursos de subsistencia y tradicionales.
Otros	Otras actividades para apoyar la prevención y mitigación de los impactos ambientales pueden incluir: • Las empresas podrían demostrar una política anticorrupción que tenga en cuenta la protección ambiental y pruebas de su aplicación. • El operador podría demostrar sus progresos en la aplicación de un plan de cierre para las actividades mineras que aborde el cierre repentino (inesperado) y el cierre al final de la vida útil de la mina (incluido cualquier mantenimiento y supervisión a largo plazo necesarios) en un plazo razonable, respaldado por garantías financieras adecuadas.

1. Un sumidero de carbono es cualquier cosa que absorbe más carbono de la atmósfera del que libera - por ejemplo, las plantas, el océano y suelo.https://www.clientearth.org/latest/latestupdates/stories/whatisacarbonsink/#:~:text=A%20carbon%20sink%20is%20anything,fossil%20fuels%20or%20volcanic%20eruptions
2. Las empresas deberían reconocer que el proceso de obtención del CLPI es iterativo y no un debate aislado. El diálogo continuo con la comunidad local conducirá a una relación de confianza y a un acuerdo equilibrado que beneficiará a la empresa en todas las fases del proyecto.

Paso 4: Seguimiento de la implementación y los resultados

¿Qué dice la Guía de CER?

- Realizar un seguimiento de la implementación y la eficacia de las actividades de debida diligencia de la empresa, es decir, de sus medidas para identificar, prevenir, mitigar y, cuando corresponda, colaborar con la reparación de los impactos, incluyendo sus relaciones comerciales.
- Utilizar las lecciones aprendidas del seguimiento para mejorar los procesos de debida diligencia en el futuro.

¿Qué otras recomendaciones específicas para el sector de minerales contiene la Guía de Minerales?

- Realizar seguimiento y supervisar el desempeño de los esfuerzos de mitigación de riesgos e informar a la alta dirección designada.
- Llevar a cabo una auditoría de terceros independientes de la debida diligencia en puntos específicos (indicados en los Suplementos) de la cadena de suministro. Las empresas en los puntos específicos deberían hacer auditar sus prácticas de debida diligencia por terceros independientes.

Preguntas clave sobre cómo integrar las consideraciones de riesgo ambiental en esta Etapa:

- 4.1 ¿Cómo puede el monitoreo de las actividades de implementación y de los resultados apoyar el proceso de debida diligencia basado en el riesgo y mejorar los resultados ambientales?

- 4.2 ¿Cómo puede una empresa hacer un seguimiento de la implementación y la eficacia de sus propias actividades de debida diligencia ambiental y de las de sus proveedores? ¿Qué tipo de información sobre riesgos ambientales puede rastrearse?

4.1 ¿Cómo puede el monitoreo de las actividades de implementación y sus resultados apoyar el proceso de debida diligencia basado en el riesgo y mejorar los resultados ambientales?

Se espera que las empresas lleven a cabo una supervisión continua y realicen un monitoreo de los avances en la implementación y la eficacia de la debida diligencia con respecto a indicadores y objetivos adecuados orientados a resultados y con plazos concretos. El monitoreo implica, ante todo, evaluar si se ha respondido eficazmente a los impactos negativos identificados, dando prioridad a los impactos que la empresa consideró más significativos en la Etapa 2 y sobre los que adoptó medidas para prevenirlos o mitigarlos en la Etapa 3. La forma en que una empresa realiza el seguimiento de las actividades y los resultados de los impactos priorizados, y con qué frecuencia, variará en función del contexto (véase la pregunta 4.2).

Si bien las Etapas 2 y 3 influirán en el enfoque de las actividades de seguimiento, los resultados o conclusiones del seguimiento también pueden servir de base para las estrategias de debida diligencia y gestión ambiental de las Etapas 1 y 3. Cuando los objetivos y las metas no se cumplan, las empresas pueden plantearse si es necesario modificar el proceso de debida diligencia, incluyendo las decisiones tomadas con respecto al establecimiento de prioridades. Esto contribuye a garantizar que la debida diligencia de las empresas sea eficaz, dinámica y adaptada a sus riesgos ambientales más graves en cada momento. Por ejemplo, al buscar reducir las emisiones de gases de efecto invernadero (GEI) del alcance 3, el seguimiento de las actividades de implementación y de sus resultados puede identificar actividades más difíciles de reducir en la cadena de suministro o en las que la empresa puede necesitar ejercer una mayor influencia o proporcionar más apoyo y formación para alcanzar los objetivos. Demostrar una mejora continua y significativa con indicadores adecuados y creíbles es una parte importante del seguimiento. También es una característica clave de los sistemas de gestión ambiental (véase la pregunta 1.3).

4.2 ¿Cómo puede una empresa hacer un seguimiento de la implementación y eficacia de sus propias actividades de debida diligencia ambiental y de las de sus proveedores? ¿Qué tipo de información sobre riesgos ambientales puede rastrearse?

Para hacer un monitoreo eficaz de la implementación y la eficacia de las actividades de debida diligencia y de sus resultados, una empresa necesitará, por lo general, tener en cuenta una amplia gama de información (por ejemplo, datos de evaluación, datos procedentes de mecanismos de reclamación o de visitas en el terreno, investigación documental y un involucramiento con las partes interesadas relevantes (incluidos los trabajadores, los representantes de los trabajadores y los sindicatos) y expertos). Al igual que en otras actividades de debida diligencia, el seguimiento y la verificación deberían ser proporcionales y basarse en el riesgo. La forma en que una empresa realiza el seguimiento de la eficacia de su propia debida diligencia y la de sus proveedores en relación con los objetivos adecuados dependerá de la naturaleza, gravedad y probabilidad del riesgo (siendo necesaria una mayor urgencia en el caso de impactos graves) y del contexto, incluida la naturaleza de sus operaciones, su tamaño y la naturaleza de sus relaciones comerciales.

Por ejemplo, si una empresa realiza un monitoreo de la forma en que aborda el uso inadecuado o la eliminación de materiales peligrosos entre sus proveedores prioritarios, puede considerar la posibilidad de hacer un monitoreo del progreso tanto a nivel local (por ejemplo, haciendo un seguimiento del progreso de los proveedores individuales con respecto a los planes de acción correctiva y haciendo un seguimiento de los incidentes específicos y la forma en que se gestionaron) como a nivel global (por ejemplo, revisando los datos de evaluación, las quejas reportadas y los informes creíbles de todos los proveedores o zonas geográficas de alto riesgo relevantes). En el caso de los impactos graves, es más urgente determinar que se están abordando eficazmente los impactos negativos.

El monitoreo de los avances en materia de riesgos e impactos ambientales de la cadena de suministro puede incluir, por ejemplo:

- **El seguimiento de la eficacia de las actividades de debida diligencia de la propia empresa en relación con sus compromisos, objetivos e indicadores adecuados**, incluyendo la evaluación del progreso en relación con los impactos que pueda haber causado o a los que haya contribuido a causar y las medidas que haya adoptado para apoyar, desarrollar capacidad, incentivar e influir de otro modo en sus proveedores en el contexto de sus propias actividades de prevención, mitigación y reparación. Esto puede incluir, por ejemplo, el seguimiento de las quejas presentadas a través de los propios mecanismos de reclamación a nivel operativo de la empresa u otros mecanismos legítimos de reparación.[35]
- **Verificación periódica y revisión continua de la información proporcionada por los proveedores relevantes sobre la implementación y los resultados de los planes de acción correctiva y otras actividades de debida diligencia**. Las empresas deberían tratar de comprometerse de forma proactiva con los proveedores prioritarios para acordar la forma más práctica y eficaz de encontrar y compartir información sobre actividades y resultados de prevención, mitigación y reparación, y para establecer el contenido, formato y frecuencia adecuados de cualquier informe. La información que podría ser relevante en un contexto específico variará y dependerá de la relación comercial concreta y de otros factores, pero puede incluir: informes de auditoría de terceros u otros informes de evaluación, informes públicos de los proveedores, pruebas de visitas a las instalaciones y/o involucramiento con las partes interesadas, información sobre quejas planteadas a través del mecanismo de reclamación a nivel operativo de los proveedores u otras fuentes de información que puedan informar a la empresa sobre la situación y la gestión de los riesgos e impactos ambientales por parte del proveedor.
- **Participar en iniciativas colaborativas**, por ejemplo, para reducir la duplicación de evaluaciones y mitigando la fatiga generada por la presentación de informes para los proveedores, así como para reunir información, herramientas y recursos.
- **Diálogo continuo y en los dos sentidos, de comunicación abierta entre el proveedor y la empresa para supervisar los avances en los impactos prioritarios e identificar cualquier condición que pueda justificar una debida diligencia reforzada**, basada en una comunicación de buena fe y de doble vía.
- **Recopilación continua de información de fuentes externas con el fin de verificar que los riesgos prioritarios y los impactos negativos se han prevenido, mitigado o reparado eficazmente**, incluida la participación significativa con las partes interesadas relevantes (o sus representantes legítimos), la investigación documental, los enfoques de colaboración o el establecimiento y la realización de reuniones periódicas de grupos de trabajo de gestión de la cadena de suministro o ambientales u otras consultas con expertos. Véase también el estudio de caso sobre el seguimiento comunitario independiente para evaluar los riesgos ambientales que se encuentra a continuación (véase el Recuadro 4).
- **Tecnologías como los Sistemas de Información Geográfica (SIG), la detección remota, el análisis de datos** y otras herramientas que pueden ayudar a rastrear, analizar, alertar y notificar cualquier cuestión a las empresas situadas en niveles inferiores de las cadenas de suministro.

En caso de que la empresa necesite profundizar en lo que un proveedor informa sobre su debida diligencia, existen fuentes de datos específicas que podrían solicitarse al proveedor o que éste podría proporcionar, para facilitar el seguimiento de la implementación y los resultados, tal como se recoge en la Pregunta 2.2.

Recuadro 7. Seguimiento comunitario independiente para evaluar los riesgos ambientales

En el contexto de un establecimiento o actividad empresarial específica, la vigilancia comunitaria – también conocido como ciencia ciudadana, seguimiento ambiental voluntario, seguimiento de base local y otras variantes relacionadas– permite a las comunidades y empresas mejorar su conciencia sobre los riesgos e impactos ambientales e influir positivamente en los resultados de la gestión ambiental (Danielsen, 2021[42]). El seguimiento puede ser participativo (cuando la comunidad lo lleva a cabo en colaboración con el establecimiento o empresa objeto del seguimiento) o independiente de los esfuerzos de seguimiento del establecimiento o empresa. El seguimiento abarca una amplia gama de parámetros ambientales, siendo los más comunes la calidad del agua, la calidad del aire y la biodiversidad. A menudo se requiere formación u otro tipo de capacitación para garantizar la producción de datos ambientales de alta calidad.

El creciente interés por el seguimiento comunitario ha reflejado el aumento de la toma de decisiones participativa en muchas jurisdicciones y el concepto está bien documentado (Stepenuck, 2015[42]), sobre todo en los países de la OCDE (Stepenuck, 2013[43]), pero también fuera de ellos. Es probable que las aplicaciones para teléfonos inteligentes y los portales en línea presenten nuevas oportunidades para el crecimiento continuo de la vigilancia comunitaria y la integración de los datos en los procesos de toma de decisiones, con nuevas orientaciones que promuevan una mayor aceptación.

Aunque muchas comunidades prefieren realizar un seguimiento independiente de los impactos negativos de una mina, es raro que existan fondos suficientes o voluntad por parte del proveedor local para que las comunidades puedan realizarlo. En consecuencia, los actores situados en niveles inferiores de las cadenas de suministro también pueden apoyar a las comunidades locales contribuyendo a fondos independientes para respaldar esta actividad e incentivando a los proveedores para que establezcan sistemas de seguimiento comunitario (Sydow et al., 2021[44]).

Paso 5: Informar sobre cómo se abordan los impactos

¿Qué dice la Guía de CER?

- Comunicar externamente la información que sea relevante acerca de las políticas de debida diligencia, procesos y actividades realizadas para identificar y abordar impactos negativos reales o potenciales, incluidas las conclusiones y los resultados de esas actividades.
- Publicar la información de forma que sea fácilmente accesible y adecuada.
- Publicar los informes de auditoría de las prácticas de debida diligencia, teniendo debidamente en cuenta la confidencialidad comercial y otras consideraciones sobre competencia, así como las respuestas a los riesgos identificados.

Preguntas clave sobre cómo integrar las consideraciones de riesgo ambiental en esta etapa:

Preguntas abordadas en este paso:

- 5.1 ¿Qué tipo de información sobre debida diligencia ambiental puede divulgar una empresa? ¿Y cómo puede la debida diligencia basada en el riesgo apoyar las actividades de comunicación?

- 5.2. ¿Qué marcos de reporte existentes pueden ayudar a las empresas a informar cómo se controlan y abordan los riesgos e impactos ambientales en su cadena de suministro?

5.1 ¿Qué tipo de información sobre debida diligencia ambiental puede divulgar una empresa? ¿Y cómo puede la debida diligencia basada en el riesgo apoyar las actividades de información?

La Guía de CER recomienda que los reportes de debida diligencia de las empresas incluyan información relevante sobre las medidas adoptadas para integrar la CER en las políticas y los sistemas de gestión, las áreas de riesgos significativos identificadas y los impactos prioritarios de la empresa, los criterios de priorización, las medidas adoptadas para abordar los impactos prioritarios en relación con los objetivos y sus resultados, las medidas para realizar un seguimiento de la implementación y de los resultados, y la provisión de o la colaboración en cualquier reparación.

Se espera que las empresas tomen medidas proporcionales y basadas en el riesgo para divulgar información relevante sobre su debida diligencia ambiental. Esto puede incluir información sobre:

- Cualquier restricción que pueda limitar la calidad o el alcance de los **hallazgos** relevantes de la debida diligencia.
- Los resultados de las evaluaciones de riesgo ambiental y la contabilidad del carbono, incluidos los riesgos ambientales significativos y sus receptores, incluidos los impactos asociados a los derechos humanos. Cuando se comunique información sobre la debida diligencia de los proveedores, la información podrá compartirse en forma consolidada o las condiciones para informar pueden ser acordadas con los proveedores relevantes.
- Las medidas de mitigación y reparación ambientales previstas o implementadas para hacer frente a riesgos o impactos negativos, incluidos detalles sobre restauración, remediación, rehabilitación, reparación, asociaciones, coaliciones y otros esfuerzos para desarrollar o utilizar influencia.
- Cuando sea posible, los resultados de las medidas paliativas y correctoras.
- El calendario de actividades de reparación y monitoreo.
- Lecciones aprendidas y planes para la mejora continua de la gestión ambiental y el abastecimiento responsable.

Es probable que la divulgación de información sobre debida diligencia ambiental dé lugar a respuestas de las partes interesadas afectadas o potencialmente afectadas y de otras partes con derechos o con intereses en el proceso, los resultados o el monitoreo y la reparación subsiguiente. Se trata de una oportunidad para que la empresa recopile información nueva o adicional que podría influir en su evaluación y priorización de riesgos o en su planificación de la mitigación, prevención y reparación.

5.2. ¿Qué marcos de reporte existentes puedan ayudar a las empresas a informar cómo se controlan y abordan los riesgos e impactos ambientales en su cadena de suministro?

Hay muchos marcos de reporte que una empresa puede utilizar para ayudar a comunicar los procesos que tiene en marcha para hacer frente a los impactos ambientales. A continuación, se ofrecen algunos ejemplos de marcos de información para ayudar a comunicar los impactos ambientales externos, pero las empresas pueden identificar los marcos de información más adecuados para sus necesidades:

- **Los Estándares GRI**, en particular GRI 2 Divulgaciones Generales (incluida la información sobre el proceso de debida diligencia), la serie GRI 300 sobre cuestiones ambientales (entre otras, GRI 308 Supplier Environmental Assessment) https://www.globalreporting.org/how-tousethegri-standards/gri-standards-english-language/

- **Grupo de Trabajo sobre Divulgación de Información Financiera Relacionada con el Clima** (GTDIF), en particular los principios para una divulgación eficaz. https://www.fsb-tcfd.org/
- El **Grupo de Trabajo sobre Declaraciones Financieras Relacionadas con la Naturaleza** v2.0 – en particular los capítulos 1 y 2 https://framework.tnfd.global/wp-content/uploads/2022/06/TNFD-Framework-Summary-ExecutiveSummary-Beta-v0-2.pdf
- El **Proyecto de Divulgación de Carbono** (CDP) a nivel mundial https://www.cdp.net/en
- El **Protocolo GEI** https://ghgprotocol.org/
- El **Pacto Mundial de las Naciones Unidas**, en particular en lo que respecta a la Comunicación sobre el Progreso (CoP). https://unglobalcompact.org/participation/report/cop#h
- **ISO 14040:2006** que describe los principios y el marco para el análisis del ciclo de vida (ACV) de productos específicos, no de la organización en su conjunto. Este estándar aborda los impactos ambientales en general, incluidas las emisiones de gases de efecto invernadero. La ISO 14064 proporciona un estándar para la huella de gases de efecto invernadero (GEI) de las organizaciones.

Paso 6: Proveer o cooperar en la reparación cuando sea apropiado

¿Qué dice la Guía de CER?

- Cuando la empresa identifique que ha causado o contribuido a causar impactos negativos reales, es necesario que los aborde proporcionando o cooperando en su reparación.
- Cuando sea apropiado, proporcionar o cooperar con mecanismos legítimos de reparación a través de los cuales las partes interesadas afectadas y los titulares de derechos puedan presentar reclamos y procurar que sean abordados por la empresa.
- El mecanismo apropiado para facilitar la reparación dependerá de varios factores, incluyendo las obligaciones legales, las preferencias de las partes interesadas, la disponibilidad de mecanismos, la naturaleza del impacto negativo y el lugar en donde ocurrió (es decir, en las propias operaciones de la empresa o en su cadena de suministro).

Preguntas clave sobre cómo integrar las consideraciones de riesgo ambiental en este paso:

- 6.1 ¿Cuáles son los distintos tipos de remediación relevantes para los impactos ambientales?
- 6.2 ¿Cómo puede la jerarquía de mitigación apoyar un enfoque basado en el riesgo para la reparación ambiental? ¿Y qué puede hacerse en los casos en que no sea posible la restauración del medio ambiente a su estado preexistente o la rehabilitación de los daños ambientales?
- 6.3. ¿Qué mecanismos e instrumentos pueden permitir la reparación ambiental?

6.1: ¿Cuáles son los diferentes tipos de reparación relevantes para los impactos ambientales?

"Remediación" y "reparación" se refieren a los procesos de devolver a una persona o personas afectadas (o al medio ambiente) a la situación en la que se encontrarían si no se hubiera producido el impacto negativo. Según las Líneas Directrices, se espera que las empresas reparen los impactos que causan o a aquellos a los que contribuyen, o que intenten influir en su reparación a través de una relación comercial cuando estuvieran directamente vinculadas a un impacto. En situaciones de vinculación directa, el énfasis está en verificar que las actividades y mecanismos de reparación del proveedor, como por ejemplo los mecanismos de reclamación, sean eficaces.

En el contexto de los impactos ambientales, la reparación puede adoptar las siguientes formas:

- **Reparaciones preventivas:** se centra en actividades que evitan o reducen la probabilidad de que vuelva a producirse un daño ambiental. Por ejemplo, el cambio de los métodos de gestión de los proveedores para identificar, realizar un seguimiento y abordar mejor los eventos que han causado (o pueden causar) un impacto ambiental.
- **Prácticas de restauración y/o rehabilitación** (también conocidas como reparación primaria), cuya implementación es necesaria, siempre que sea posible, para restablecer las estructuras y funciones del ecosistema a un estado anterior, o a un estado de uso final acordado por las partes interesadas.
- **Compensación de las partes interesadas afectadas (también denominada "reparación compensatoria") o compensación de los impactos ambientales (a veces denominada "reparación complementaria").** La reparación ambiental puede ser una alternativa para lograr la reparación de las víctimas de violaciones de derechos humanos por daños ambientales. Por ejemplo, la provisión de un recurso hídrico alternativo.

Entre los ejemplos de actividades habituales de remediación asociadas a impactos ambientales se incluyen:

- **Pérdida de biodiversidad**: podría incluir la restauración, rehabilitación y protección activa de los ecosistemas y hábitats dañados o destruidos o la recuperación de las especies perdidas que se encuentran de forma natural en la zona.
- **Contaminación del agua**: dependiendo del contexto y la causa del impacto, podría incluir el tratamiento activo o pasivo del agua o la implantación de barreras reactivas para aislar y/o tratar las aguas subterráneas contaminadas.
- **Contaminación atmosférica**: rehabilitación progresiva e implantación de barreras contra el viento en las instalaciones de relaves, acopios y vertederos de residuos, riego de carreteras y pistas, e implantación de tecnologías adecuadas para reducir las emisiones.
- **Mala gestión de los residuos:** limpieza del suelo contaminado, mediante medidas que pueden incluir la biorremediación y/o medidas de fitorremediación.[36]

6.2 ¿Cómo puede la jerarquía de mitigación apoyar un enfoque basado en el riesgo para la reparación ambiental? ¿Y qué puede hacerse en los casos en que no sea posible la restauración del medio ambiente a su estado preexistente o la rehabilitación de los daños ambientales?

Las empresas deberían dar prioridad a la eliminación o reducción de los daños ambientales frente a las medidas de compensación, indemnización o neutralización, de acuerdo con los principios de la jerarquía de mitigación. Sin embargo, en algunas situaciones, puede que no sea posible reparar los impactos negativos mediante medidas de restauración o rehabilitación ambiental. En esos casos, puede ser necesario implementar medidas de compensación tanto para la naturaleza como para los titulares de derechos afectados.

En el contexto de los derechos humanos, estas medidas pueden incluir una compensación económica o la reubicación de los titulares de derechos afectados, mientras que la compensación en un contexto ambiental puede contemplar consideraciones en torno a la compensación y a la promoción de la restauración de forma más amplia evitando la deforestación y la degradación de los ecosistemas.

Sin embargo, es importante evaluar cuidadosamente las compensaciones, ya que también hay impactos sociales y ambientales en torno a su implementación que pueden ser tenidos en cuenta. Por ejemplo, en el contexto de la mitigación de las emisiones de gases de efecto invernadero (GEI) en la cadena de suministro de una empresa, los créditos de carbono o las compensaciones pueden ser consideradas como un medio para abordar las emisiones no reducidas solo como último recurso. Además, cada vez hay más políticas públicas en favor de la búsqueda de resultados netos positivos para la biodiversidad y de la obtención de beneficios socioeconómicos adicionales como parte de las soluciones basadas en la naturaleza, lo que hace que las expectativas de buenas prácticas vayan más allá de la compensación y se dirijan hacia la regeneración y la mejora del capital natural.

6.3. ¿Qué mecanismos e instrumentos pueden permitir la reparación ambiental?

Las empresas participan en la reparación de los impactos que causan o los que contribuyen a causar. Para participar en la reparación, las empresas deberían establecer y participar en mecanismos que permitan a las partes interesadas presentar quejas sobre impactos emergentes. Estos mecanismos pueden contribuir a la priorización continua de riesgos en las empresas.

En el caso de las personas que se han visto afectadas por un impacto ambiental negativo, la reparación se centra en el derecho de la víctima a "un acceso equitativo y efectivo a la justicia; una reparación adecuada, efectiva y rápida del daño sufrido, y el acceso a la información relevante sobre las violaciones y los mecanismos de reparación". (UN, 2005[45])

Los mecanismos para apoyar la provisión de reparaciones ambientales pueden incluir:

- **Mecanismos no judiciales y mecanismos de reclamación a nivel operativo** que sean legítimos, accesibles, predecibles, equitativos, transparentes y basados en el diálogo, incluidos los Puntos Nacionales de Contacto para la CER.
- **Tenencia de garantías financieras adecuadas y seguras** que cubran la recuperación de la mina, las actividades de cierre y posteriores al cierre, el mantenimiento y el seguimiento. Establecer **mecanismos de seguro** para apoyar las actividades de recuperación y rehabilitación del medio ambiente o los cuidados posteriores al cierre de la mina, así como para abordar los daños o responsabilidades en que se pueda incurrir como consecuencia de las actividades.
- **Colaboración de la industria** para impulsar y apoyar las actividades de remediación. La acción colaborativa puede respaldar las actividades de reparación ambiental en etapas situadas en niveles superiores de la cadena de suministro, especialmente en circunstancias de impactos ambientales acumulativos y en las que las actividades de reparación son más eficaces cuando tienen lugar a nivel de paisaje.
- **Acciones legales (acciones judiciales, litigio y arbitraje)** para financiar, acelerar y ejecutar los mecanismos mencionados anteriormente.

Annex A. Glosario de términos ambientales

Diversidad biológica

Por "diversidad biológica" se entiende la variabilidad de organismos vivos de cualquier fuente, incluidos, entre otras cosas, los ecosistemas terrestres y marinos y otros ecosistemas acuáticos y los complejos ecológicos de los que forman parte; comprende la diversidad dentro de cada especie, entre las especies y de los ecosistemas.

Fuente: Convenio sobre la Diversidad Biológica, artículo 2. Términos utilizados. https://www.cbd.int/convention/articles/?a=cbd-02

Hábitat crítico

Zonas con un alto valor de biodiversidad, que incluyen, entre otras cosas (i) hábitat de importancia significativa para especies en peligro crítico, en peligro de extinción; (ii) hábitat de importancia significativa para especies endémicas y/o de área de distribución restringida; (iii) hábitat que sustentan concentraciones globalmente significativas de especies migratorias y/o congregatorias; (iv) ecosistemas altamente amenazados y/o únicos; y/o (v) áreas asociadas a procesos evolutivos clave. Otros valores reconocidos de alta biodiversidad también podrían respaldar una designación de hábitat crítico, sobre la base de una evaluación caso por caso realizada por un especialista.

Fuente: Adaptado de IFC. 2012. Estándar de Desempeño 6, Párr. 13 y GN55, GN56, 57.

Minería de aguas profundas

Proceso de extracción de yacimientos minerales de las profundidades marinas, la zona del océano situada por debajo de los 200 metros.

Fuente: Unión Internacional para la Conservación de la Naturaleza (UICN). 2020. Resúmen de problemas.

Deforestación

La conversión de bosques a otros usos de la tierra de forma independente, ya sea inducida por el hombre o no.

Fuente: FAO (2020), Evaluación de recursos forestales mundiales 2020: Términos y definiciones. https://www.fao.org/documents/card/en/c/ca8753es

Servicios ecosistémicos

El principal marco para expresar la "utilidad" de la diversidad biológica es el concepto de servicios ecosistémicos. Ilustra el vínculo entre, por un lado, las interacciones de las especies entre sí y con el entorno físico y, por otro, el bienestar de las personas ya sea en términos de riqueza, nutrición o seguridad. La Evaluación de los Ecosistemas del Milenio, publicada en 2005, dividió los servicios de los ecosistemas en cuatro categorías:

- *Servicios de aprovisionamiento, o suministro de bienes de beneficio directo para las personas, y a menudo con un claro valor monetario, como la madera de los bosques, las plantas medicinales y el pescado de los océanos, ríos y lagos.*
- *Servicios de regulación, el conjunto de funciones desempeñadas por los ecosistemas que suelen ser de gran valor, pero a las que no se suele dar un valor monetario en los mercados convencionales. Incluyen la regulación del clima mediante el almacenamiento de carbono y el control de las precipitaciones locales, la eliminación de contaminantes filtrando el aire y el agua, y la protección frente a catástrofes como corrimientos de tierras y tormentas costeras.*
- *Servicios culturales: no aportan beneficios materiales directos, pero contribuyen a satisfacer necesidades y deseos más amplios de la sociedad y, por tanto, a que la gente esté dispuesta a pagar por la conservación. Incluyen el valor espiritual atribuido a determinados ecosistemas, como las arboledas sagradas, y la belleza estética de los paisajes o las formaciones costeras que atraen a los turistas.*
- *Servicios de apoyo, que no benefician directamente a las personas, pero son esenciales para el funcionamiento de los ecosistemas y, por tanto, responsables indirectos de todos los demás servicios. Algunos ejemplos son la formación de los suelos y los procesos de crecimiento de las plantas.*

Fuente: Convenio sobre la Diversidad Biológica y hoja informativa del Programa de las Naciones Unidas para el Medio Ambiente sobre los servicios de los ecosistemas https://www.cbd.int/undb/media/factsheets/undb-factsheets-es-web.pdf

Consentimiento libre, previo e informado

Las personas (i) "no son coaccionadas, presionadas o intimidadas a la hora de elegir el desarrollo"; (ii) "se solicita su consentimiento y se otorga libremente antes de autorizar las actividades de desarrollo"; (iii) "disponen de información completa sobre el alcance y las repercusiones de las actividades de desarrollo propuestas en sus tierras, recursos y bienestar"; y (iv) "se respeta y defiende su opción de dar o negar su consentimiento sobre los desarrollos que les afectan".

Fuente: Foro Permanente para las Cuestiones Indígenas de la ONU (UNPFII, 2005:12).

Bosque

Terreno de más de 0,5 hectáreas con árboles de más de 5 metros de altura y una cubierta de copas superior al 10%, o árboles capaces de alcanzar estos umbrales in situ. No incluye las tierras de uso predominantemente agrícola o urbano.

Fuente: FAO (2020), Evaluación de los recursos forestales mundiales 2020: Términos y definiciones. https://www.fao.org/3/ca9825es/ca9825es.pdf

Gases de efecto invernadero (GEI)

Los gases de efecto invernadero son aquellos componentes gaseosos de la atmósfera, tanto naturales como antropogénicos, que absorben y emiten radiación en longitudes de onda específicas dentro del espectro de la radiación terrestre emitida por la superficie de la Tierra, la propia atmósfera y las nubes. Esta propiedad provoca el efecto invernadero. El vapor de agua (H2O), el dióxido de carbono (CO2), el óxido nitroso (N2O), el metano (CH4) y el ozono (O3) son los principales gases de efecto invernadero de la atmósfera terrestre. Además, en la atmósfera hay una serie de gases de efecto invernadero de origen totalmente humano, como los halocarbonos y otras sustancias que contienen cloro y bromo, que se tratan en el Protocolo de Montreal. Además del CO2, el N2O y el CH4, el Protocolo de Kioto se ocupa de los gases de efecto invernadero hexafluoruro de azufre (SF6), hidrocarburos (HFC), trifluoruro de nitrógeno (NF3) y perfluorocarburos (PFC).

Fuente: Grupo Intergubernamental de Expertos sobre el Cambio Climático (IPCC). 2014. Cambio Climático 2014: Mitigación del Cambio Climático. Contribución del Grupo de Trabajo III al Quinto Informe de Evaluación del Grupo Intergubernamental de Expertos sobre el Cambio Climático.

Alto Valor de Conservación (AVC)

Valores biológicos, ecológicos, sociales o culturales considerados de importancia excepcional a escala nacional, regional o mundial.

Fuente: PNUMA WCMC Biodiversidad de la A a la Z

Transición justa

Un concepto introducido originalmente en el Acuerdo de París de la CMNUCC (2015), en el que un principio rector clave del Acuerdo es que los países "tengan en cuenta los imperativos de una transición justa de la mano de obra y la creación de trabajo decente y empleos de calidad de conformidad con las prioridades de desarrollo definidas a nivel nacional."

Las Líneas Directrices señalan que llevar a cabo la debida diligencia ambiental y gestionar los impactos ambientales negativos implicará a menudo tener en cuenta múltiples prioridades ambientales, sociales y de desarrollo. En este sentido, es importante que las empresas evalúen y aborden los impactos sociales en el contexto de sus actividades de gestión ambiental y debida diligencia y que tomen medidas para prevenir y mitigar esos impactos negativos tanto en su transición para abandonar prácticas perjudiciales para el medio ambiente, como hacia industrias o prácticas más ecológicas, como el uso de energías renovables.

Fuente: OCDE (2023), Líneas Directrices de la OCDE para Empresas Multinacionales sobre la Conducta Empresarial Responsable, OCDE Publishing, París, https://doi.org/10.1787/7abea681-es .

Área clave para la diversidad biológica

Lugares que contribuyen significativamente a la persistencia global de la biodiversidad en ecosistemas terrestres, marinos y de agua dulce. Representan los lugares más importantes para la conservación de la biodiversidad en todo el mundo y se identifican a escala nacional utilizando criterios y umbrales normalizados a escala mundial.

Fuente: WCMC del PNUMA, modificado a partir de la UICN. 2016. Estándar global para la identificación de áreas clave para la biodiversidad.

Evaluación del ciclo de vida (ECV)

Recopilación y evaluación de las entradas, salidas y los posibles impactos ambientales de un producto o servicio a lo largo de su ciclo de vida.

Fuente: Grupo Intergubernamental de Expertos sobre el Cambio Climático (IPCC). 2018. Special Report on Global Warming of 1.5°C - SR15, modificado de ISO, 2018: ISO 14044:2006.

Jerarquía de mitigación

"La jerarquía de mitigación es un conjunto de pasos prioritarios para aliviar el daño ambiental (o social) en la medida de lo posible mediante la evitación, minimización y restauración de los impactos negativos. Sólo se considera que la compensación/compensación aborda los impactos residuales una vez aplicadas las medidas adecuadas de evitación, minimización y restauración. La jerarquía de mitigación de la biodiversidad es la siguiente (pero los pasos pueden aplicarse a cualquier impacto ambiental o social):

i) Evitación: medidas adoptadas para evitar la creación de impactos desde el inicio, como una cuidadosa ubicación espacial o temporal de los elementos de la infraestructura, con el fin de evitar por completo los impactos sobre determinados componentes de la biodiversidad. El resultado es un cambio de enfoque.

ii) Minimización: Medidas adoptadas para reducir la duración, intensidad y/o alcance de los impactos que no pueden evitarse por completo, en la medida en que sea factible desde el punto de vista práctico.

iii) Restauración: medidas adoptadas para contribuir a la recuperación de ecosistemas que han sido degradados, dañados o destruidos. Consiste en alterar una zona de tal manera que se restablezca la composición, estructura y función de un ecosistema, normalmente devolviéndolo a su estado original (anterior a la alteración) o a un estado saludable cercano al original.

iv) Compensación: Resultados de conservación mensurables resultantes de acciones diseñadas para compensar impactos negativos residuales significativos sobre la biodiversidad derivados del desarrollo de un proyecto, una vez adoptadas las medidas de prevención y mitigación adecuadas. El objetivo de las compensaciones de biodiversidad es la ausencia de pérdida neta o una ganancia neta de biodiversidad sobre el terreno con respecto a la composición de las especies, la estructura del hábitat, la función del ecosistema y el uso y los valores culturales de las personas asociados a la biodiversidad."

Fuente: Iniciativa para el Aseguramiento de la Minería Responsable (IRMA). 2018. Glosario estándar de términos.

Soluciones basadas en la naturaleza

Las soluciones basadas en la naturaleza son medidas que protegen, gestionan de forma sostenible o restauran la naturaleza, con el objetivo de mantener o mejorar los servicios de los ecosistemas para hacer frente a diversos retos sociales, ambientales y económicos.

Fuente: OCDE (2020), Nature-based solutions for adapting to water-related climate risks. Perspectivas políticas. Perspectives. OECD Environment Policy Paper No. 21. OECD Publishing, Paris, https://doi.org/10.1787/2257873d-en.

Capital natural

La naturaleza es un activo o stock de capital (es decir, capital natural), al igual que el capital producido (físico) y el capital humano. El capital natural proporciona bienes y servicios que contribuyen directa o indirectamente a la producción económica y al bienestar humano de un país. Pero es mucho más que un bien económico; la naturaleza también posee un valor intrínseco. El capital natural es el más importante de todos los stocks de capital, ya que proporciona funciones fundamentales de apoyo a la vida. Establece los límites ecológicos de los sistemas socioeconómicos.

Fuente: OCDE (2021), Biodiversity, Natural Capital and the Economy: A Policy Guide for Finance, Economic and Environment Ministers. Perspectives. OECD Environment Policy Paper No. 21. OECD Publishing. Paris. https://www.oecd-ilibrary.org/docserver/1a1ae114-en.pdf?expires=1693395607&id=id&accname=ocid84004878&checksum=43C12709219D3FDDEE2CA8FC7E142008

Compensaciones

- **Compensaciones de biodiversidad:** Las compensaciones de biodiversidad son resultados de conservación mensurables que se derivan de acciones diseñadas para compensar la pérdida significativa y residual de biodiversidad derivada de proyectos de desarrollo. Están pensadas para aplicarse sólo después de haber tomado medidas razonables para evitar y minimizar la pérdida de biodiversidad en un lugar de desarrollo. Las compensaciones de biodiversidad se basan en la premisa de que los impactos del desarrollo pueden compensarse si se puede proteger, mejorar o establecer un hábitat suficiente en otro lugar. La compensación de la biodiversidad es un instrumento económico basado en el principio de "quien contamina, paga". Su objetivo es internalizar los costes externos de la pérdida de biodiversidad de los proyectos de desarrollo imponiendo un coste a las actividades que causan impactos negativos en la biodiversidad.

Fuente: OCDE (2016), Biodiversity Offsets: Effective Design and Implementation, Policy Highlights. OCDE Publishing, París https://www.oecd.org/environment/resources/Policy-Highlights-Biodiversity-Offsets-web.pdf

- **Compensaciones de carbono o de gases de efecto invernadero:** una compensación de carbono es una reducción en las emisiones de dióxido de carbono o de otros gases de efecto invernadero hecha para compensar una emisión realizada en otro lugar.
  Fuente:https://www.ipcc.ch/2018/06/15/ipccmeetingsgocarbonneutral/#:~:%20text=A%20carbon%20offset%20is%20a,%E2%80%9D)%20an%20emission%20made%20elsewhere

Área protegida

"Espacio geográfico claramente definido, reconocido, dedicado y gestionado, por medios legales u otros medios eficaces, para lograr la conservación a largo plazo de la naturaleza con los servicios ecosistémicos y los valores culturales asociados". La definición se amplía con seis "categorías de gestión de áreas protegidas" que abarcan la reserva natural estricta, el espacio natural, el parque nacional, el monumento o característica natural, el área de gestión de hábitats/especies, el paisaje protegido o el paisaje marino.

Fuente: Modified by Dudley (2008), Directrices para la aplicación de las categorías de gestión de áreas protegidas. Unión Internacional para la Conservación de la Naturaleza (UICN).

Recuperación

El proceso de hacer que una tierra gravemente degradada sea apta para el cultivo o un estado adecuado para algún uso humano.

Fuente: Estándares internacionales de la Sociedad para la Restauración Ecológica.

Rehabilitación

Medidas adoptadas para rehabilitar ecosistemas degradados o despejados tras su exposición a impactos que no pueden evitarse y/o minimizarse por completo. La rehabilitación hace hincapié en la reparación de los procesos, la productividad y los servicios de los ecosistemas. La rehabilitación no siempre puede restaurar el ecosistema a su estado preexistente, pero su objetivo es restablecer las especies y comunidades del ecosistema.

Fuente: Modificado de BBOP y PNUMA. 2010. Jerarquía de mitigación. Business and Biodiversity Offsets Programme & United Nations Environment Programme, Washington DC, EE.UU.; BBOP. 2012. Glosario. Business and Biodiversity Offsets Programme, Washington DC, EE.UU.

Restauración

Restablecimiento de la estructura y función de un ecosistema a una imagen de su estado anterior casi natural o réplica de un ecosistema de referencia deseado.

Fuente: Consejo Internacional de Minería y Metales (ICMM). 2019. Cierre integrado de minas: Guía de buenas prácticas (2ª ed.)

Emisiones de alcance 1, 2 y 3

Responsabilidad de las emisiones según la definición del Protocolo de Gases de Efecto Invernadero, una iniciativa del sector privado. El "Alcance 1" indica las emisiones directas de GEI procedentes de fuentes que son propiedad de la entidad informante o están bajo su control. Alcance 2" indica las emisiones indirectas de GEI asociadas a la producción de electricidad, calor o vapor adquiridos por la entidad declarante. El "Alcance 3" indica todas las demás emisiones indirectas, es decir, las emisiones asociadas a la extracción y producción de materiales, combustibles y servicios adquiridos, incluido el transporte en vehículos que no son propiedad de la entidad informante ni están bajo su control, las actividades subcontratadas, la eliminación de residuos, etc.

Fuente: Grupo Intergubernamental de Expertos sobre el Cambio Climático (IPCC). 2014. Cambio Climático 2014: Mitigación del Cambio Climático, modificado de WBCSD y WRI, 2004.

Annex B. Lista no exhaustiva de recursos para identificar, evaluar y gestionar riesgos e impactos ambientales

Rendición de cuentas y divulgación de información

- AA1000 AccountAbility Principles
- GRI Standards: 101 Foundation and 102 General Disclosures
- Task Force for Nature Financial Disclosures v2.0 (TNFD) y su Glosario de Términos Clave
- Task Force on Climate-Related Financial Disclosures (TCFD)
- Carbon Disclosure Project (CDP)
- Ecovadis
- Institutional Shareholder Services (ISS)
- MSCI
- Sustainalytics
- Dow Jones Sustainability Indices (DJSI)

Mejores técnicas disponibles (MTD) documentos de referencia (BREFs) – por ejemplo

- Production de cemento Lime and Magnesium Oxide – BREF BATC (04.2013)
- Emissions from Storage – BREF (07.2006)
- Eficiencia energética– BREF (02.2009)
- Ferrous Metals Processing Industry – BREF (12.2001)
- Industrial Cooling Systems – BREF (12.2001)
- Iron and Steel Production – BREF BATC (03.2012)
- Non-ferrous Metals Industries – BREF BATC (06.2016)
- Refining of Mineral Oil and Gas – BREF BATC (10.2014)
- Waste Treatment – BREF BATC (08.2018)
- Manufacture of Glass – BREF BATC (03.2012)
- Ceramic Manufacturing Industry – BREF (08.2007)

Biodiversidad

- Good Practice Guide for Mining and Biodiversity
- Integrated Biodiversity Assessment Tool (IBAT)

Comunidad e involucramiento de partes interesadas

- IHRB Promoting Human Rights and Ensuring Social Inclusion in the Extractives Sector.
- IFC Stakeholder Engagement Practice Handbook
- AA1000 Stakeholder Engagement Standard

- OECD Due Diligence Guidance for Meaningful Stakeholder Engagement in the Extractive Sector

Emisiones de gases de efecto invernadero

- GHG Protocol

Evaluación de impacto

- IFC Performance Standard 1. Social and Environmental Assessment and Management Systems
- WBCSD Cement Sustainability Initiative Guidelines for Environmental & Social Impact Assessment.
- International Council on Mining and Metals (ICMM) Good Practice Guidance on Health Impact Assessment
- IAIA The Circular Economy and Impact Assessment - A Primer
- IAIA The State of Digital Impact Assessment Practice
- IFC Good Practice Handbook - Cumulative Impact Assessment and Management: Guidance for the Private Sector in Emerging Markets

Evaluación del Ciclo de vida

- ISO 14040 Environmental management – Life cycle assessment – Principles and framework
- Ecoinvent Database

Evaluación y gestion del riesgo

- ISO 31000 – Risk management

Gestión de relaves

- Global Industry Standard on Tailings
- Guidelines for Responsible Mine Tailings

Gestion del agua

- UNEP Integrated Water Resources Management
- UNESCO World Water Assessment Programme
- AWS International Water Stewardship Standard
- CEO Water Mandate's Water Disclosure Guidelines
- Aqueduct Water Risk Atlas (wri.org)

Mecanismos de reclamación, reporte de incidentes y seguimiento

- International Council on Mining and Metals (ICMM), Handling and Resolving Local-level Concerns and Grievances: Human rights in the mining and metals sector
- Kufatilia ("to track" in Swahili) is an SMS-based platform to support incident reporting and monitoring through the work of a network of Civil Society Organisations in Eastern DRC.

Reparación

- Basic Principles and Guidelines on the Right to a Remedy and Reparation for Victims of Gross Violations of International Human Rights Law and Serious Violations of International Humanitarian Law

Iniciativas relevantes

- Towards Sustainable Mining
- The Raw Materials Outlook Platform
- The Materials Insight
- Water Resilience Coalition

Referencias

Bibas, R., J. Chateau and E. Lanzi (2021), *Policy scenarios for a transition to a more resource efficient and circular economy*, https://doi.org/10.1787/c1f3c8d0-en. [8]

Danielsen, F. (2021), "The Concept, Practice, Application, and Results of Locally Based Monitoring of the Environment", *BioScience*, Vol. 71/5, pp. 484-502, https://doi.org/10.1093/biosci/biab021. [48]

EC Joint Research Center (2021), *Collection of available techniques for the prevention or reduction of environmental impacts in non-energy extractive industries (NEEI)*, https://publications.jrc.ec.europa.eu/repository/handle/JRC125247 (accessed on 2023). [39]

European Union (2021), *Capacity4Dev: Strategic Environmental Assessment*. [23]

Garbarino, E. et al. (2021), *Collection of available techniques for the prevention or reduction of environmental impacts in non-energy extractive industries (NEEI), EUR 30827 EN, Publications Office of the European Union, Luxembourg*. [18]

Global Industry Standard on Tailings Management (2020), , https://globaltailingsreview.org/ (accessed on 2023). [41]

IAIA (n.d.), *International Association of Impact Assessment*, https://www.iaia.org/uploads/pdf/Fastips_18%20Scoping.pdf (accessed on 2023). [22]

IBAT Alliance (n.d.), *Integrated Biodiversity Assessment Tool*, https://www.ibat-alliance.org/ (accessed on 2023). [21]

IEA (2021), *The Role of Critical Minerals in Clean Energy Transitions*. [3]

IFC (2013), *Cumulative Impact Assessment and Management: Guidance for the Private Sector in Emerging Markets*, https://www.ifc.org/wps/wcm/connect/58fb524c-3f82-462b-918f-0ca1af135334/IFC_GoodPracticeHandbook_CumulativeImpactAssessment.pdf?MOD=AJPERES&CVID=kbnYgl5 (accessed on 2023). [14]

IFC (2012), *Biodiversity Conservation and Sustainable Management of Living Natural Resources*, https://www.ifc.org/en/insights-reports/2012/ifc-performance-standard-6 (accessed on 2023). [31]

IGF (2021), *Guidance for Governments: Environmental management and Environmental management and*, https://www.igfmining.org/resource/guidance-for-governments-environmental-management-and-mining-governance/ (accessed on 2023). [40]

IGF (2017), *Global Trends in Artisanal and Small-Scale Mining (ASM): A Review of Key Numbers and Issues*, IISD, https://www.iisd.org/system/files/publications/igf-asm-global-trends.pdf. [10]

Lead Recycling Africa Project (2016), *Findings from Lead Recycling Africa Project*, https://www.oeko.de/oekodoc/2549/2016-076-de.pdf. [25]

Maddox, T. et al. (2019), *Forest-Smart Mining: Identifying Factors Associated with the Impacts of Large-Scale Mining on Forests*. [50]

Moore, K. et al. (2020), "The re-direction of small deposit mining: Technological solutions for raw materials supply security in a whole systems context", *Resources, Conservation & Recycling*, Vol. 7, https://doi.org/10.1016/j.rcrx.2020.100040. [11]

OECD (2023), *OECD Guidelines for Multinational Enterprises on Responsible Business Conduct*, OECD Publishing, Paris, https://doi.org/10.1787/81f92357-en. [16]

OECD (2021), *Costs and Value of Due Diligence in Mineral Supply Chains - OECD Position*, https://mneguidelines.oecd.org/costs-and-value-of-due-diligence-in-mineral-supply-chains.pdf. [47]

OECD (2021), *The role of OECD instruments on responsible business conduct in progressing environmental objectives*, https://mneguidelines.oecd.org/The-role-of-OECD-instruments-on-responsible-business-conduct-in-progressing-environmental-objectives.pdf. [7]

OECD (2021), *Trends in Stakeholder Reporting: Mineral Supply Chains*, https://mneguidelines.oecd.org/trendsinstakeholderreportingmineralsupplychains.htm. [13]

OECD (2019), *Business Models for the Circular Economy: Opportunities and Challenges for Policy*, OECD Publishing, Paris, https://doi.org/10.1787/g2g9dd62-en. [6]

OECD (2019), *Global Material Resources Outlook to 2060: Economic Drivers and Environmental Consequences*, OECD Publishing, Paris, https://doi.org/10.1787/9789264307452-en. [2]

OECD (2019), *Global Material Resources Outlook to 2060: Economic Drivers and Environmental Consequences*, OECD Publishing, Paris, https://doi.org/10.1787/9789264307452-en. [17]

OECD (2018), *OECD Due Diligence Guidance for Responsible Business Conduct*, OECD, https://mneguidelines.oecd.org/OECD-Due-Diligence-Guidance-for-Responsible-Business-Conduct.pdf. [15]

OECD (2017), *OECD Due Diligence Guidance for Meaningful Stakeholder Engagement in the Extractive Sector*, OECD Publishing, Paris, https://doi.org/10.1787/9789264252462-en. [51]

OECD (2016), *Biodiversity Offsets: Effective Design and Implementation*, https://doi.org/10.1787/9789264222519-en. [32]

OECD (2016), *FAQ on Sourcing Gold from Artisanal and Small-Scale Miners*, http://mneguidelines.oecd.org/FAQ_Sourcing-Gold-from-ASM-Miners.pdf. [12]

OECD (2016), *OECD Due Diligence Guidance for Responsible Supply Chains of Minerals from Conflict-Affected and High-Risk Areas: Third Edition*, OECD Publishing, Paris, https://doi.org/10.1787/9789264252479-en. [24]

OECD (1996), *OECD GUIDELINES FOR TESTING OF CHEMICALS. PROPOSAL FOR UPDATING GUIDELINE 305. Bioconcentration: Flow-through Fish Test*, https://www.oecd.org/env/ehs/testing/E305_Fish%20Bioaccumulation.pdf. [49]

OECD (n.d.), *Environment at a Glance*, OECD Publishing, Paris, https://doi.org/10.1787/19964064. [4]

OECD (n.d.), *OECD Environment Working Papers*, OECD Publishing, Paris, https://doi.org/10.1787/19970900. [5]

SER (n.d.), *International Responsible Business Agreement for the Metals Sector*, https://www.imvoconvenanten.nl/en/metals-sector/convenant (accessed on 2023). [28]

Stepenuck, K. (2015), "Individual- and community-level impacts of volunteer environmental monitoring: a synthesis of peer-reviewed literature", *Ecology and Society*, Vol. 20/3, https://doi.org/10.5751/ES-07329-200319. [42]

Stepenuck, K. (2013), *Improving understanding of outcomes and credibility of volunteer environmental monitoring programs. Dissertation. University of Wisconsin–Madison, Madison, Wisconsin, USA.*. [43]

Sydow, J. et al. (2021), *Environmental responsibility through supply chains: Insights from Latin America.*. [44]

The Cyanide Code (n.d.), , https://cyanidecode.org/ (accessed on 2023). [36]

UN (2022), *A/76/L.75, The human right to a clean, healthy and sustainable environment : draft resolution*, https://digitallibrary.un.org/record/3982508?ln=en. [29]

UN (2013), *Minamata Convention on Mercury*, https://mercuryconvention.org/en/documents/minamata-convention-mercury-text-and-annexes (accessed on 2023). [37]

UN (2005), *Resolution 60/147 Basic Principles and Guidelines on the Right to a Remedy and Reparation for Victims of Gross Violations of International Human Rights Law and Serious Violations of International Humanitarian Law*, https://www.ohchr.org/en/instruments-mechanisms/instruments/basic-principles-and-guidelines-right-remedy-and-reparation. [45]

UN (1992), *Convention on Biological Diversity*, https://www.cbd.int/convention/text/. [30]

UNEP (2022), *How disposable tech is feeding an e-waste crisis*, https://www.unep.org/news-and-stories/story/how-disposable-tech-feeding-e-waste-crisis. [26]

UNEP (2019), *Gloabl Resources Outlook 2019*, https://www.resourcepanel.org/reports/global-resources-outlook. [46]

UNEP (n.d.), *E-WASTE 2.0*, https://wedocs.unep.org/bitstream/handle/20.500.11822/7587/e_waste_infog_en.pdf?sequence=5&amp%3BisAllowed=y%2C%20Chinese%7C%7Chttps%3A//wedocs.unep.org/bitstream/handle/20.500.11822/7587/-E-waste_20_Recycling_for_sustainability-2016E-waste_infog_zh.pdf.p (accessed on 2023). [27]

UNISDR (2008), *Developing Early Warnin Systems: A Checklist: EWC III Third international Conference on Early Warning 27-29 March 2006 at Bonn, Germany*, https://www.unisdr.org/files/608_10340.pdf (accessed on 2023). [19]

United Nations Framework Convention on Climate Change (2016), *Decision 1/CP.21 Adoption of the Paris Agreement FCCC/CP/2015/10/Add.1, par. 133,*, https://undocs.org/en/FCCC/CP/2015/10/Add.1. [1]

US EPA (n.d.), *Mercury Specific Laws and Regulation*. [38]

World Bank (2022), *Forest-Smart Mining : Guidance to Applying Nature-Based Solutions in the Large-Scale Mining Sector*, https://policycommons.net/artifacts/2419759/forest-smart-mining/3441396/ (accessed on 2023). [35]

World Bank (2021), *Developing Forest-Smart Artisanal and Small-Scale Mining (ASM) Standards*. [34]

World Bank (2020), *Minerals for Climate Action: The Mineral Intensity of the Clean Energy Transition*, https://pubdocs.worldbank.org/en/961711588875536384/Minerals-for-Climate-Action-The-Mineral-Intensity-of-the-Clean-Energy-Transition. [9]

World Bank (2019), *Forest-Smart Mining: Identifying Factors Associated with the Impacts of Large-Scale Mining on Forests*, https://openknowledge.worldbank.org/entities/publication/55579809-e147-5c25-a222-d976a8fac8db (accessed on 2023). [33]

World Resources Institute (2021), *Aqueduct Water Risk Atlas*, https://www.wri.org/data/aqueduct-water-risk-atlas. [20]

Notas

[1] No existe una lista definitiva de minerales críticos para las transiciones energética y digital, y la valoración de la criticidad de un mineral puede cambiar con el tiempo y de un país a otro.

[2] Para más información, véase OCDE (2023), Net Zero+: Climate and Economic Resilience in a Changing World, OECD Publishing, Paris, https://doi.org/10.1787/da477dda-en.

[3] Un subconjunto de entidades situadas en el punto de transformación o en sus inmediaciones, como las fundiciones, las refinerías y los comerciantes internacionales de concentrados, se denominan a veces "mid-stream" para distinguirlas de las demás entidades.

[4] Ello incluye los litigios climáticos, con la sentencia de 2021 del Tribunal de Distrito de los Países Bajos, que destaca el papel de las Líneas Directrices de la OCDE para las empresas multinacionales en la comprensión del deber de diligencia de las empresas en materia de acción climática y de obligaciones de reducción de emisiones: Milieudefensie et al. contra Royal Dutch Shell plc, https://uitspraken.rechtspraak.nl/inziendocument?id=ECLI: NL: RBDHA:2021:5339.

[5] Las partes interesadas no pertenecientes a la Convención Marco de las Naciones Unidas sobre el Cambio Climático incluyen gobiernos nacionales, ciudades, regiones y otras entidades subnacionales, organizaciones internacionales, sociedad civil, pueblos indígenas, mujeres, jóvenes, instituciones académicas, así como empresas que actúan como entidades individuales o en asociación.

[6] Véase la parte I de Perspectivas de los recursos materiales mundiales hasta 2060 de la OCDE: Economic Drivers and Environmental Consequences (OECD, 2019[2]) o el capítulo 2.1 de Perspectivas de los recursos mundiales del PNUMA (UNEP, 2019[46]).

[7] Es importante señalar que los enfoques de economía circular pueden aplicarse en todas las fases de la cadena de suministro de minerales, incluida la etapa de extracción. Por ejemplo, la recuperación de minerales de los residuos extractivos en lugar de su depósito en vertederos o la reutilización/reciclado de equipos.

[8] Para más información y recursos sobre derechos humanos y medio ambiente, consulte el sitio web del Relator Especial de la OACDHNU sobre derechos humanos y medio ambiente, https://www.ohchr.org/en/special-procedures/sr-environment.

[9] El diseño de los productos y los procesos de producción de las empresas situadas en niveles inferiores de las cadenas de suministro también son fundamentales para el desarrollo sostenible, ya que el diseño de los productos y la elección de los materiales utilizados en la producción determinan el tipo de productos que se introducen en el mercado, así como su grado de reciclabilidad.

[10] Esta cuestión se analiza con mayor detalle en el documento de posición de la OCDE sobre los costes y el valor de la debida diligencia en las cadenas de suministro de minerales. (OECD, 2021[47])

[11]Los impactos ambientales negativos específicamente mencionados en las Líneas Directrices no son exhaustivos. El grupo de trabajo de expertos del Manual identificó otros impactos relacionados y más específicos.

[12] Consulte el Glosario para más información sobre la biodiversidad.

[13] De conformidad con la evolución de la interpretación, los impactos indirectos pueden ser tratados como contribución o vinculación directa bajo el marco de la CER, dependiendo de las circunstancias específicas.

[14] Véanse los significados de estos términos en el Anexo P3 de la Guía de CER.

[15] Consulte el Glosario para más información sobre los Alcances 1,2 y 3 de emisiones.

[16] De acuerdo con los estándares en materia de CER de la OCDE, la gravedad de un riesgo o impacto se determina en función de su escala, magnitud y carácter irreparable. Véase la Guía de CER, Anexo, Pregunta 3, p. 42.2.

[17] Para un análisis más exhaustivo del enfoque basado en el riesgo, los lectores pueden consultar la Background note on Regulatory Developments concerning Due Diligence for Responsible Business Conduct y la Background note on Translating a risk-based due diligence approach into law, elaboradas por la Secretaría de la OCDE.

[18] Véase el Glosario para una explicación más detallada de la jerarquía de mitigación.

[19] Para conocer las mejores prácticas en materia de debida diligencia con perspectiva de género, véase Gender-Responsive Due Diligence Platform (https://www.genderduediligence.org/), la hoja informativa del Departamento de Estado de EE.UU. Managing Risks to Women in Supply Chains (https://www.state.gov/managing-risks-to-women-in-supply-chains/), y el grupo de trabajo Women's Rights and Mining (https://womenandmining.org/).

[20] Según los estándares en materia de CER de la OCDE, se entiende por partes interesadas relevantes las personas o grupos, o sus representantes legítimos, que tienen derechos o intereses relacionados con los asuntos cubiertos por las Líneas Directrices que se ven o podrían verse afectados por impactos negativos asociados a las operaciones, productos o servicios de la empresa (Líneas Directrices, Comentario, Capítulo II, párrafo 28 y Guía de CER, Anexo, P.8, p. 48).

[21] Por ejemplo, véase el Comentario al Comentario al Capítulo II: Políticas Generales de las Líneas Directrices de la OCDE para Empresas Multinacionales sobre Conducta Empresarial Responsable (OCDE, 2023[16]). Para más información sobre la participación de las partes interesadas en el sector extractivo, véase la Guía de la OCDE de Debida Diligencia para la Participación Significativa de las Partes Interesadas del Sector Extractivo (OECD, 2017[51]): https://mneguidelines.oecd.org/stakeholder-engagement-extractive-industries.htm.

[22] Por ejemplo, basándose en las guías de los estándares existentes para la MAPE, como Fairtrade, Fairmined, el Código de Mitigación de Riesgos para la Minería Artesanal y de Pequeña Escala que participa en el Comercio Formal (Código CRAFT), Planet GOLD+, Gemfair, el Estándar Forest Smart ASM Bolt-on del Banco Mundial, etc.

[23] Entre ellos se incluyen los siguientes:

Los riesgos sectoriales son riesgos que prevalecen en un sector a nivel mundial como resultado de las características del sector, sus actividades, sus productos y sus procesos de producción. Por ejemplo, el sector extractivo se asocia a menudo con riesgos relacionados con una gran huella ambiental e impactos en las comunidades locales.

Los riesgos de producto son riesgos relacionados con insumos o procesos de producción utilizados en el desarrollo o uso de productos específicos. Por ejemplo, los teléfonos y computadores pueden contener componentes con riesgo de ser extraídos de áreas de conflicto.

Los riesgos geográficos son las condiciones en un país concreto, que pueden hacer que los riesgos sectoriales sean más probables. Los factores de riesgo geográfico pueden clasificarse generalmente en aquellos relacionados con el marco regulatorio (por ejemplo, la alineación con convenciones internacionales), la gobernanza (por ejemplo, la capacidad de las inspecciones, Estado de Derecho y nivel de corrupción), el contexto socioeconómico (por ejemplo, índices de pobreza y educación, vulnerabilidad y discriminación de poblaciones específicas) y el contexto político (por ejemplo, la presencia de conflictos).

Los riesgos a nivel de empresa son riesgos asociados a una empresa concreta como una gestión débil, un historial de conducta deficiente en relación con el respeto de los derechos humanos, los derechos laborales, las normas anticorrupción, las normas ambientales o la falta de cultura en torno a la CER.

[24] Por ejemplo, los informes del Banco Mundial Forest Smart Mining LSM (Maddox et al., 2019[50]) y Artisanal and Small-Scale Mining Bolt-on Standard (Banco Mundial, 2021[34]) proporcionan un conjunto útil de criterios e indicadores para evaluar en qué medida una operación minera está gestionando sus riesgos para los valores forestales.

[25] Algunos ejemplos son Map-X del PNUMA (Proyectos - MapX) y ASM Spotter.

[26] Para más información sobre el papel de las iniciativas de sostenibilidad en la debida diligencia, véase la Nota informativa sobre los desarrollos de regulación: El papel de las iniciativas de sostenibilidad en la debida diligencia obligatoria: : http://mneguidelines.oecd.org/the-role-of-sustainability-initiatives-in-mandatory-due-diligence-note-for-policy-makers.pdf Más información sobre las evaluaciones de la OCDE de las iniciativas de sostenibilidad, incluido el sector de los minerales disponible en: https://www.oecd.org/corporate/industry-initiatives-alignment-assessment.htm.

[27] Las fichas de datos de seguridad son un mecanismo para transmitir información de seguridad adecuada sobre sustancias y mezclas que, por ejemplo, cumplen los criterios para ser clasificadas como peligrosas o una sustancia es persistente, bioacumulativa y tóxica. (https://echa.europa.eu/documents/10162/2324906/sds_en.pdf/01c29e23-2cbe-49c0-aca7-72f22e101e20).

[28] La bioconcentración/bioacumulación es el incremento de la concentración de la sustancia de ensayo en o sobre un organismo (tejidos específicos de éste) en relación con la concentración de la sustancia de ensayo en el medio circundante. (OECD, 1996[49])

[29] Capacidad de una sustancia de provocar efectos nocivos en los organismos vivos durante una exposición prolongada. https://www.sciencedirect.com/topics/agricultural-and-biological-sciences/chronic-toxicity

[30] Un "enfoque paisajístico" es un término utilizado para describir iniciativas de colaboración en lugares específicos que abarcan múltiples sectores y van más allá de la escala de las explotaciones agrícolas individuales, las unidades de gestión forestal y las áreas protegidas. Se trata de una intervención coherente a escala del paisaje para garantizar la producción de alimentos, fibras y energía, la mejora del bienestar social, la seguridad hídrica y la conservación de los ecosistemas. http://forestsolutions.panda.org/solutions/landscape-approaches

[31] Aunque los planes de cierre de minas y posteriores a la extracción rara vez son establecidos e implementados por la MAPE, este Manual ofrece consideraciones para un involucramiento progresivo en esta difícil cuestión.

[32] Para más información ver p. 80-81 de la Guía de CER.

[33] La gravedad no es un concepto absoluto y es específico de cada contexto; cuándo el riesgo de un impacto potencial sea más probable y grave será específico para la empresa, su sector y la naturaleza de sus relaciones comerciales. La gravedad se determina en función de tres factores, establecidos en la Guía de CER:

- Escala: la gravedad o seriedad del impacto potencial o real, como el grado de impacto grave sobre la salud y la seguridad de los trabajadores, el grado de generación de residuos o sustancias químicas; o la pérdida de vidas o los graves daños corporales causados.
- Magnitud: el alcance o la extensión del impacto potencial o real, por ejemplo, el número de personas que se ven o podrían verse afectadas, o la magnitud del daño ambiental u otro impacto ambiental.
- Carácter irreparable: su naturaleza irreversible, o cualquier límite a la capacidad de restaurar a los individuos o al medio ambiente afectados a una situación equivalente a la que tenían antes del impacto negativo.

34 Ver Glosario para definiciones clave

35 Ver Etapa 6 de la Guía de CER y su Anexo, Preguntas 48-54.

36 El uso de microorganismos (biorremediación) o plantas (fitorremediación) para reparar suelos contaminados.

www.ingramcontent.com/pod-product-compliance
Lightning Source LLC
LaVergne TN
LVHW082050051026
849532LV00011B/3550